# 古代美術史研究

## 二 編

### 第 17 冊

宋代官府工場及物料與工匠

韓 桂 華 著

花木蘭文化出版社

國家圖書館出版品預行編目資料

宋代官府工場及物料與工匠／韓桂華 著 — 初版 — 台北縣永
和市：花木蘭文化出版社，2017〔民106〕
目 2+164 面；19×26 公分
（古代美術史研究 二編；第 17 冊）
ISBN：978-986-254-241-5（精裝）
1. 工廠　2. 物料管理　3. 工匠　4. 宋代
555.92051　　　　　　　　　　　　　　　　99013196

ISBN-978-986-254-241-5

9 789862 542415

古代美術史研究
二　編　第十七冊　　　　　　ISBN：978-986-254-241-5

宋代官府工場及物料與工匠

作　　者　韓桂華
總 編 輯　杜潔祥
副總編輯　楊嘉樂
編　　輯　許郁翎、王筑　美術編輯　陳逸婷
出　　版　花木蘭文化出版社
社　　長　高小娟
聯絡地址　235 新北市中和區中安街七二號十三樓
　　　　　電話：02-2923-1455／傳真：02-2923-1452
網　　址　http://www.huamulan.tw　信箱 hml810518@gmail.com
印　　刷　普羅文化出版廣告事業
初　　版　2017 年 3 月
全書字數　122067 字
定　　價　二編 28 冊（精裝）新台幣 75,000 元

# 宋代官府工場及物料與工匠

韓桂華　著

## 作者簡介

韓桂華，祖籍江蘇宿遷，1957 年生於台北。中國文化大學史學系、所畢業。研究所求學時，有幸得親炙名師，受錢穆、黎東方、楊家駱、蔣復璁、梁家彬、宋晞、程光裕……等先生薰陶，傳道授業之外，渠等身教言教所展現的風範，更是一生受用無窮。其間，並追隨朱重聖、宋晞教授研讀宋史，敦聘為碩士、博士論文指導教授，完成論文。曾任職於古美術品公司，於文物研究略有涉獵。目前任教於中國文化大學史學系，講授史學導論、宋史、中國手工業文明史等課程。

## 提　　要

　　官府工場，實即國營事業，其制雖始自先秦，秦漢以降，歷代迭有廢置，至唐始稍具規模。宋則不僅承唐舊制，更擴而大之，影響所及，遂導吾國國營事業進入發展期，且在社會經濟史上，具極重要之地位。故基於此一旨趣，本文乃廣泛蒐集史料，運用歸納、綜合、分析、比較等史學方法，並輔以圖表，就「宋代官府工場及物料與工匠」為題探討之。全文共分五章：

　　第一章「緒論」：旨在說明吾國歷代官府工場概況，並逐漸導入本文主題。

　　第二章「官府工場之組織及其類別」：凡兩節。除分別就中央、地方，說明宋代官府工場組織、類別及其統隸關係外；並特別強調，此類工場每視地利與需要，經營則愈專，分工則愈細。

　　第三章「官府工場之物料來源」：凡四節。除說明宋代官府工場物料，如何自貢品、稅物中取得外；並指出收購與自行生產為其最直接而主要之來源。

　　第四章「官府工場之工匠來源及其待遇」：凡兩節。除指出宋代官府工場工匠，多來自民間、軍中、罪犯，及官府工場相互撥使外；並特別強調其待遇，作有薪資，息有定制，工有獎懲，且多福利措施。

　　第五章「結論」：除就本文前述各章，作一鈎玄提要總結外；並特別指出，宋代官府工場積極發展結果，必對當時社會經濟有深厚影響。而其影響究竟如何，民間手工業情況又如何，皆待日後繼續研究云。

目次

# 第一章　緒　論


　　官府工場，乃由官方投資設立，運用工人將原料製成產品之所。猶即今之所謂「國營事業」。吾國因以農立國，在傳統重農觀念下，似較忽視工商業發展。然而，在過去兩千多年專制政體社會中，手工業－尤其官府工業，實有其不可動搖之地位；而官府工場，即爲其製造部門。徵諸文獻，因時代環境與需要不同，歷代均有上類機構之設置。茲舉其大者，略述於後：

　　先秦時代，據《周禮》載，官府中設有「司空」，亦即冬官一職；掌營城郭，建都邑，立社稷、宗廟，造宮室、車服、器械。〔註1〕其下設有「百工」，〔註2〕能「執材辨器」。〔註3〕此等百工，因其所治不同，又各有分工。如〈考工記〉載：

　　　　凡攻木之工七，攻金之工六，攻皮之工五，設色之工五，刮摩之工
　　　　五，搏埴之工二。攻木之工：輪、輿、弓、廬、匠、車、梓；攻金
　　　　之工：築、冶、鳧、㮚、段、桃。攻皮之工：函、鮑、韗、韋、裘；
　　　　設色之工：畫、繢、鍾、筐、㡛；刮摩之工：玉、楖、雕、矢、磬；
　　　　搏埴之工：陶、旊。〔註4〕

若以今日眼光觀之，實即木工、金工、皮革工、畫染工、玉石工與陶瓦工等

---

〔註1〕　《周禮》，卷十一，〈冬官考工記第六〉，頁 200 上。（四部叢刊初編經部，縮
　　　　印長沙葉氏藏明翻宋岳氏相台本，臺北：臺灣商務印書館，民國 54 年 8 月）
〔註2〕　同前書，同卷，〈冬官考工記第六〉云：「國有六職，百工與居一焉。」鄭玄
　　　　注云：「百工，司空事官之屬。」頁 200 上。
〔註3〕　同前書，同卷，〈冬官考工記第六〉云：「審曲面埶，以飭五材，以辨民器，
　　　　謂之百工。」頁 200 上。
〔註4〕　同前書，同卷，〈冬官考工記第六〉，頁 200 下。

六類；其下再細分爲三十工，亦各有專司。〔註5〕

此時冬官所掌，如冶金、製陶、造車、造舟……等事，均被視爲「知（智）者創物」，「聖人之作」。〔註6〕是故「有虞氏上（尚）陶，夏后氏上匠，殷人上梓，周人上輿。」〔註7〕漢人鄭玄以爲，此乃基於「官各有所尊」，「王者相變也」。〔註8〕舜因性質，故貴陶器；禹因治水，卑宮室，盡力乎溝洫，故尊匠；湯因放桀，恐禮樂制壞，故尊梓；武王誅紂，疾上下失其服飾，故尊輿。〔註9〕可見虞、夏、商、周諸世，工（冬）官已極受重視。

漢興，中央官制漸具規模，太僕之下有考工令，主作兵器、弓弩、刀鎧之類，並主織綬諸雜工。〔註10〕大司農之下有平準令，主練染，作采色。〔註11〕少府之下有御府令，典官婢，作中（御中）衣服，所屬並有織室；〔註12〕尚方令，掌上手工，作御刀劍，諸好器物。〔註13〕凡此皆屬兵器、服飾、器物之製造。又承秦將作少府之制，置將作大匠，掌修作宗廟、路寢、宮室、陵園等土木工程。〔註14〕地方官制中，亦每因地利而設鐵官、銅官、工官等。〔註15〕另廬江郡（治安徽廬江西二十五里）有樓船官，〔註16〕齊郡（治山東臨淄）有三服官，〔註17〕廣漢郡（治四川梓潼）有掌金、銀器作之

〔註5〕 參見李約瑟（Joseph Needham, 1900～1995）著、陳立夫主譯《中國之科技與文明》第八冊，「機械工程學」，第五十四表「周禮考工記中描述之職業與工業」，頁26～27。（臺北：臺灣商務印書館，民國69年8月三版）

〔註6〕 《周禮》，卷十一，〈冬官考工記第六〉云：「知（智）者創物，巧者述之、守之，世謂之工。百工之事，皆聖人之作也。爍金以爲刃，凝土以爲器，作車以行陸，作舟以行水，此皆聖人之作也。」頁200下～201上。

〔註7〕 同前書，同卷，〈冬官考工記第六〉，頁202上。

〔註8〕 同上，鄭玄注語。

〔註9〕 同上。

〔註10〕 范曄《後漢書》，志第二十五，百官二，「太僕」，頁10下。（百衲本，臺北：臺灣商務印書館，民國56年7月）

〔註11〕 同前書，志第二十六，百官三，「大司農」，頁2上。

〔註12〕 同前書，志第二十六，百官三，「少府」，頁7上。

〔註13〕 同前書，志第二十六，百官三，「少府」，頁8上。

〔註14〕 同前書，志第二十七，百官四，「將作大匠」，頁5下～6上。

〔註15〕 班固《漢書》卷二十八上、下，「地理志」，第八上～下，頁11上～38下，1上～16上。（百衲本，臺北：臺灣商務印書館，民國56年7月）；《後漢書》，志第二十八，「百官五」，頁9下～10上。

〔註16〕 《漢書》，卷二十八，〈地理志〉，第八上，頁22上～下。

〔註17〕 同前書，卷第七十二，〈貢禹傳〉，顏師古注云：「三服官，主作天子之服。」頁11下。

官。〔註18〕是知此一時期，無論中央或地方，皆有官府工場設置。

兩漢以下，歷魏晉南北朝至隋，政權迭有更替，官府工場，亦間有損益，其相關史料，散見各正史及典制史職官志（考）中，茲不贅述。

唐代官制，多承前代而來，其中官府工場，中央設有三監，即一、少府監：掌百工技巧之政；下轄中尚（禮器、服飾製造）、左尚（御蓋、車輿製造）、右尚（馬轡、皮毛之工）、織染（冠冕、組綬及織紝、色染之工）、掌冶（範鎔金、銀、銅、鐵及塗飾琉璃、玉作之工）五署，並兼管各地冶監、鑄錢監等。〔註19〕二、將作監：掌土木工匠之政；下轄左校（梓匠之事）、右校（土木之事）、中校（供舟車等事）、甄官（琢石、陶土之事）四署，及百工（陝西寶雞東）、就谷（陝西盩厔東）、庫谷（陝西鄠縣北）、斜谷（陝西郿縣西南）、太陰（河南嵩縣東北）、伊陽（河南嵩縣）六監（采伐竹木）。〔註20〕三、軍器監：掌繕甲弩；下轄弩坊、甲坊兩署。〔註21〕監下各署，又皆分工，僅少府監染織一署，即已有二十五作；其中織紝之作十：布、絹、紬、紗、綾、羅、錦、綺、𦈐、褐；組綬之作五：組、綬、絛、繩、纓；紬線之作四：紬、線、絃、網；練染之作六：青、絳、黃、白、皂、紫。〔註22〕地方官府工場，則除前述少府監所管各地冶監、鑄錢監，及將作監所轄百工等六監外，四川有作坊，〔註23〕揚子（江蘇儀徵東南）有造船場，〔註24〕句容（江蘇江寧）有銅器場……〔註25〕等。可知此時官府工場，實已漸趨擴大，且有組織化、專業分工化與系統化之勢。此後降諸宋、元、明、清，即皆承其態勢，並續

〔註18〕同前書，卷七十二，〈貢禹傳〉，頁 11 下～12 上。

〔註19〕歐陽修《新唐書》，卷四十八，〈百官志〉第三十八，頁 15 下。（百衲本，臺北：臺灣商務印書館，民國 56 年 7 月）

〔註20〕同前書，同卷，頁 17 上～18 上。張九齡等《唐六典》，卷二十三，頁 14 上。（四庫全書珍本六集，文淵閣本，臺北：臺灣商務印書館，民國 65 年）

〔註21〕《新唐書》，卷四十八，〈百官志〉第三十八，頁 18 上～下。

〔註22〕《唐六典》，卷二十二，頁 14 上。

〔註23〕元稹《元氏長慶集》，卷三十七，〈彈奏劍南東川節度使狀〉云：「……所收資財、奴婢，悉皆貨賣，破用及配充『作坊』驅使。」頁 124 下。（四部叢刊初編集部，縮印明嘉靖本，臺北：臺灣商務印書館，民國 54 年 8 月）

〔註24〕王讜《唐語林》，卷一，〈政事上〉云：「（劉）晏初議造船，每一船用錢百萬。……乃置十場於揚子縣。」頁 12 下～13 上。（筆記小說大觀十三編第四冊，文明刊歷代善本，臺北：新興書局，民國 65 年 7 月）

〔註25〕趙希鵠《洞天清祿集》，〈古鐘鼎彝器辨〉云：「句容非古物。蓋自唐天寶間至南唐後主時，於昇州句容縣，置官場以鑄之。」頁 17 下。（百部叢書集成之三九，讀畫齋叢書，原刻本，臺北：藝文印書館，民國 54 至 59 年）

發展，而各具特色。

宋代，似可謂爲吾國近代之始。〔註 26〕不僅經濟進步，學術成就輝煌，且於科技上有重大發明（如活版印刷、火藥、羅盤等）。是則在此時代背景下，其官府工場，經營愈專，分工愈精愈細。

元代，爲一異族入統中國時期，爲維持其既有政權，乃特重生產製造事業。據史籍載，當時官府工場設置之多，實謂空前。〔註 27〕

明清兩代，因受西方科技文明東漸影響，官府工場亦漸生重大變革。除傳統式工場運作外，更有西式生產方法之加入。尤其清代中葉後，在「自強運動」中，清廷於各地所設各類製造工場（如江南機械製造局、馬尾船場……等），即最爲顯例。

以迄於今，各國正紛紛致力現代化之發展，其科技水準，端爲指標：科技愈發達，現代化之程度愈高；反之則愈低。則於此時，國營事業已絕非壟斷事業，乃在與民營事業相互並重及制衡下，負起提昇國家科技水準之責。

綜觀上述，可試分吾國歷代官府工場之發展爲三期：於宋以前爲形成期，宋以後至清爲發展期，於今則爲高峯期。官府工場已由隱而顯，地位益形重要。是故，有系統之官府工場研究，誠如英人李約瑟（Joseph Needham）所云：

> 一種完備之專題論文，其能追踪中國工場、宮廷工場及官府工場之歷史者，乃漢學研究最迫切需要之一。〔註28〕

已有其時代性與必要性。然而，歷史應兼顧縱橫兩面，垂直與水平研究並重，方稱完備。故基於此一旨趣，及個人對宋史研究之興趣，本文遂暫以「宋代官府工場及物料與工匠」爲題，分就組織及其類別、物料來源、工匠來源及其待遇等項，試作探討，冀能有所收獲云。

---

〔註26〕參見全漢昇〈略論宋代經濟的進步〉，《中國經濟史研究》中冊，頁 159～177。（香港：新亞研究所，民國 65 年 3 月）

〔註27〕鞠清遠〈元代係官匠戶研究〉，《食貨》半月刊第一卷第九期，頁 11～45。（民國 24 年 4 月 1 日）

〔註28〕《中國之科技與文明》第八冊，「機械工程學」，頁 28～29。

# 第二章　官府工場之組織及其類別

　　有宋官府工場多承唐制，並擴而大之。當時除中央有分工精細之專門機構外，地方亦每視地利與需要，設立各類工場。本章茲試就其直隸中央者與分布地方者，分別探討之。

## 第一節　直隸中央之官府工場組織及其類別

　　宋代直隸中央之官府工場總機構，以少府、將作、軍器三監爲最主要；餘如光祿、司農、太府三寺，國子、司天二監，殿中、內侍二省，亦多有附設機構。惟就其權責言，則每隨官制改變而有不同。蓋宋初凡邦國造作之事，多由三司兼領；〔註1〕眞宗景德二年（西元 1005），則置提舉在京諸司庫務司，專司點檢；〔註2〕神宗元豐新官制，九寺五監，〔註3〕始各正其職，一統於尙

---

〔註1〕　宋初，三司號曰「計省」，凡「天下財賦，內庭諸司，中外筦庫」，悉皆隸焉。
　　　　分鹽鐵、度支、戶部三部，凡二十案，曰鹽鐵七案：兵案、冑案、商稅案、都
　　　　鹽案、茶案、鐵案、設案；度支八案：賞給案、錢帛案、糧料案、常平案、發
　　　　運案、騎案、斛斗案、百官案；戶部五案：戶稅案、上供案、修造案、麴案、
　　　　衣糧案。其中鹽鐵七案中之兵、冑兩案，戶部五案中之修造、麴兩案，皆掌造
　　　　作之事。見脫脫《宋史》，卷一六一，〈職官志〉一，頁2上；卷一六二，〈職官
　　　　志〉二，「三司使」，頁12下～13下。（百衲本，臺灣商務印書館，民國56年7
　　　　月。）按：徐松《宋會要輯稿》，（以下簡稱《宋會要》）食貨五六之九，云「戶
　　　　部凡二十四案」，略有不同。（臺北：世界書局，民國53年6月）
〔註2〕　《宋會要》職官二七之四一。
〔註3〕　宋代中央官制有九寺：太常寺、宗正寺、光祿寺、衛尉寺、太僕寺、大理寺、
　　　　鴻臚寺、司農寺、太府寺；五監：國子監、少府監、將作監、軍器監、都水
　　　　監。另有司天監，於元豐改官制後，改爲太史局，隸祕書省。按：五監中之

書省；南宋高宗建炎後，爲省併官額，輒又分別歸入戶、禮、兵與工部。茲再試就一、少府監，二、將作監，三、軍器監，四、其他寺監附設機構爲序，依組織爲主，類別爲輔，分述於後：

## 一、少府監

「少府」之爲官名，始之於秦。至漢，爲九卿之一，初掌山海池澤之稅，以給供養；東漢時，掌御中服物、寶貨、珍膳之屬。〔註4〕至如「少府監」之設立，則始自隋煬帝大業五年（609）；唐更分置中尚、左尚、右尚、織染、掌冶五署，〔註5〕專司製造，以供尚方服用。宋承唐制，亦設少府監，惟其職任，元豐改官制前，只掌造作門戟、神衣、旌節、郊廟諸壇祭玉、法物、鑄牌印、朱記，及供百官拜表案、褥之事。〔註6〕遇有祭祀，則供祭器、爵、瓚、照燭等物。〔註7〕改官制後，權責始漸增大，凡百工技巧之政皆掌之；有監、少監、丞、主簿各一人，凡乘輿、服御、寶冊、符印、旌節、度量權衡之制，與夫祭祀、朝會展采備物，皆「率其屬以供之」。〔註8〕南宋高宗建炎三年（1129），則歸入工部，且終宋世，不再復置。〔註9〕

少府監之下，分設四案，置吏八人，其屬有文思、綾錦、染、裁造、文繡五院；另並監管諸州鑄錢監。所謂五院，實即專門製造之所，分工精細，各有職司。如文思院者，〔註10〕服飾器用製造場也；綾錦院者，纖麗物品織造場也；染院者，染練工場也；裁造院者，製衣工場也；文繡院者，纂繡工場也。茲再分述之：

---

都水監，掌中外川澤、河渠、津梁、堤堰、疏鑿浚治諸事。雖屬水利工程，卻與本文「官府工場」定義略有出入，茲暫不列入討論範圍。見《宋史》卷一六四～一六五，〈職官志〉四～五。
〔註4〕 馬端臨《文獻通考》，卷五七，〈職官考〉十一，「少府監」，頁514上。（武英殿本，臺北：新興書局，民國52年10月）
〔註5〕 《新唐書》，卷四八，〈百官志〉第三十八，頁15下。
〔註6〕 《宋史》，卷一六五，〈職官志〉五，「少府監」，頁20上。
〔註7〕 同上。
〔註8〕 同前書，同卷，「少府監」，頁20上～下。
〔註9〕 王應麟《玉海》，卷一二七，〈官制門〉，省官，「建炎省官」，頁24上。（合璧本，臺北：大化書局，民國66年12月）
〔註10〕 按：「文思使」不知始於何時。或云爲量銘，「待文思索」；或云爲殿名，「聚工巧于其側」，故名「文思院」。見江休復《醴泉筆錄》，卷上，頁11上。（筆記小說大觀六編第四冊，文明刊歷代善本，臺北：新興書局，民國64年2月）

　　（一）文思院：文思院始置於太宗太平興國三年（978），〔註11〕掌造金銀、犀玉「工巧之物」，金綵、繪素「裝鈿之飾」，以供輿輦、冊寶、法物，及凡器服之用。〔註12〕神宗熙寧四年（1071），以「太府寺所管斗秤歸文思院」，〔註13〕故又掌造量衡；九年（1076），復併入東、西兩坊所領雜科三千餘人。〔註14〕

　　文思院以所造項目繁多，分上、下二界，〔註15〕各司其職，而由提轄官一員通管：〔註16〕上界者，承行諸官司申請造作「金銀、珠玉、犀象、玳瑁」等應奉物；〔註17〕以專營貴重金屬、稀有珍品之造作，故稱「上」界。設有監官、監門官各一員，手分二人，及庫經司、花料司、門司、專知官、秤子、庫子各一名。其中庫經司、花料司者，掌「計料諸官司造作生活帳狀」，及「抄轉收支赤曆」，〔註18〕負審核造作之責。專知官者，掌「收支官物、攢具、帳狀，催趕造作生活文字」，〔註19〕負督課造作之責。秤子者，掌「秤盤」，收支官物；庫子者，掌收支「見在」官物；門司者，掌「本門」收支，「出入」官物，「抄轉赤曆」；〔註20〕三者分負物料管理與出納之責。下界者，承行諸官司申請造作「綾錦、漆木、銅鐵」等物，及「織造官誥、度牒」等；〔註21〕以專司一般服用與案牒之造作，故稱「下」界。設有監官、監門官一員，手分三人，及庫經司、花料司、門司、專副、秤子、庫子各一名。其中專副即

---

〔註11〕　李燾《續資治通鑑長編》，（以下簡稱《長編》）卷一九，「太宗太平興國三年」條。（新定本，臺北：世界書局，民國53年9月再版）

〔註12〕　《宋會要》，職官二九之一。

〔註13〕　《長編》，卷二二八，「神宗熙寧四年十二月辛酉」條。

〔註14〕　《宋會要》，職官二九之二。按：原文作「雜科三千餘作」，「作」字應為「人」字之誤。

〔註15〕　按：文思院上、下二界，於南宋高宗紹興元年（1131），曾一度併為一院；紹興三年（1133），以工部言其事務交雜，無以檢察，又釐為二。見《宋會要》，職官二九之二。

〔註16〕　按：文思院與榷貨務都茶場、雜買務雜賣場、左藏東西庫，並稱宋代四提轄。見李心傳《建炎以來朝野雜記》，（以下簡稱《朝野雜記》）卷一三，〈官制〉一，「四提轄」，頁13上～14上。（宋史資料萃編第一輯，聚珍本，臺北：文海出版社，民國56年1月臺初版）

〔註17〕　《宋會要》職官二九之一。

〔註18〕　同上。

〔註19〕　同上。

〔註20〕　同上。

〔註21〕　同上。

專知官，其餘庫經司等，亦皆與上界同，茲不贅述。

　　文思院上、下二界共領四十二作。據《宋會要》載〔註22〕各作名稱如下：打作、稜作、鈒作、渡（鍍）金作、鎬作、釘子作、玉作、玳瑁作、銀泥作、碾碅作、釘腰帶作、生色作、裝鑾作、藤作、拔條作、攙洗作、雜釘作、場裏作、扇子作、平畫作、裹劍作、面花作、花作、犀作、結條作、捏塑作、旋（鏇）作、牙作、銷金作、鏤金作、雕木作、打魚作、繡作、裁縫作、眞珠作、絲鞋作、琥珀作、弓稍作、打絃作、拍金作、玷（鈸）金作、尅絲作。則據此，雖不能盡詳其職司，已可略知其分工之細矣。按：上述四十二作，自打作起，至打魚作止，爲原領三十二作；自繡作起，至尅絲作止，則爲後苑造作所割屬之額外十作。

　　南宋時，文思院置於臨安北橋之東；惟於建炎三年，曾隨少府監併入工部；〔註23〕其後紹興三年（1133），始因工部請，仿北宋舊制，分上、下兩界，以掌造金銀珠玉、銅鐵竹木雜科云。〔註24〕

　　（二）綾錦院：綾錦院始置自太祖乾德五年（967），〔註25〕位於汴京昭慶坊。初有錦工數百人，〔註26〕掌「織紝錦繡」，以供乘輿，及凡服飾之用。〔註27〕太宗太平興國二年（977），嘗一度分成東、西二院；至端拱元年（988），始又合爲一。〔註28〕其下設監官三人，以京朝官、諸司使副及內侍充，並有兵匠一千又三十四人。

　　綾錦院職在織造纖麗之物，其規模史未詳書。然據《宋會要》載：

> 太祖乾德五年十月，命水部郎中于繼徽監視綾錦院。朝廷平蜀，得綾錦工人，乃於國門東南創置「機杼院」，始命繼徽監領焉。〔註29〕

及《長編》云：

> （太宗太平興國三年二月）辛未，上幸西綾錦院。命近臣觀「織室」機杼。〔註30〕

---

〔註22〕同上。

〔註23〕《宋史》，卷一六五，〈職官志〉五，「將作監」，頁23上。

〔註24〕《宋會要》，職官二七之五二。

〔註25〕《長編》，卷八，「太祖乾德五年冬十月丙辰朔」條。

〔註26〕按：《宋會要》，謂有二百人，曾鞏《隆平集》，（宋史資料萃編第一輯，清康熙辛巳年七業堂校本，臺北：文海出版社，民國56年1月）謂有六百人，《長編》則僅略言數百人。其確實人數待考。

〔註27〕《宋史》，卷一六五，〈職官志〉五，「少府監」，頁21上。

〔註28〕《宋會要》，職官二九之八。

〔註29〕同前書，食貨六四之一六。

〔註30〕《長編》，卷一九，「太宗太平興國三年正月辛未」條。

綾錦院有錦綺機四百餘。〔註31〕

可知其至少設有織室，猶如今之工廠廠房，有錦綺機四百餘臺，由數百錦工操作，規模當不爲小。又綾錦院曾於眞宗咸平元年（998），以「錦綺非軍國常須」，故一度改爲織絹。〔註32〕至仁宗景祐元年（1034），始因青州織錦減半，復令織錦。〔註33〕

（三）染院：宋代染院，考諸史籍，唯《宋會要》載之最詳。〔註34〕染院者，原稱染坊；於太宗太平興國三年，始分東、西二染院。眞宗咸平六年（1003），以「西染院水宜於染練」，併省東院，合稱「西內染院」；掌「染絲帛、條線、繩革、紙藤之屬」。〔註35〕並設監官、監門各一人，領匠六百一十三人。除染院外，宋時另有西染色院，掌「受染色之物」，以「給染院之用」；有如今之工廠物料庫，專儲物料，以備需要。

染院染練，必經用水，故利用金水、櫃水，設置「水池所」五處，斗門十一座，以貯水染洗物帛；其所各長約二丈五尺，闊六尺，深五尺。又有退水渠一道，專供染洗後出清渾水之用，其長約五十二步，闊四尺，深七尺。染院一般染練，每日一或二次換水；大段染練，則有至一日三換水者。染練時，以紅花、蘇木等爲染劑，礬爲漂白劑。此外又有柴蒿場，負供應煮染所需燃料之責。

（四）裁造院：有關裁造院之史料，僅《宋會要》略有記載。〔註36〕蓋宋初原有針線院，左藏庫有縫造針工，以給裁縫之役。至太祖乾德四年（966），始置裁造院於利仁坊，後又徙置延康坊；專掌「裁製衣服」，以「供邦國之用」。設監官二人，監門一人，領匠二百六十七人。裁造院物料管理甚嚴，凡什物均需每季作帳，上報三司；並於步軍司內抽差剩員二十人，以任巡宿、看管官物之責。裁造院若遇裁造不逮時，亦有出錢下百姓繡戶，或在京諸尼寺、宮院繡造者。〔註37〕

（五）文繡院：文繡院始置於徽宗崇寧三年（1104）。先是，宋雖乘輿、

〔註31〕同前書，卷四三，「眞宗咸年元年九月甲申」條。
〔註32〕同上。
〔註33〕《宋會要》，食貨六四之二三。
〔註34〕同前書，職官二九之七～八。
〔註35〕《宋史》，卷一六五，〈職官志〉五，「少府監」，頁21上，云其「掌染絲、枲、幣、帛」。
〔註36〕《宋會要》，職官二九之八。
〔註37〕同上。《長編》，卷三二三，「神宗元豐五年二月乙卯」條。

服御，以至賓客、祭祀，「用繡皆有定式」，〔註38〕每遇造作，卻多委諸閭巷婦人，或付之尼寺。〔註39〕故至是，以殿中少監張康伯言：

> ……今鍛鍊（文思院）、織紝（綾錦院）、紉縫（裁造院）之事，皆各有院，院各有工，而於繡獨無，欲乞置繡院一所。〔註40〕

乃置院專司纂繡。〔註41〕文繡院招有繡工三百人，並由諸路擇善繡匠人，以為工師，教習成法。〔註42〕

## 二、將作監

「將作」之為官名，起自於秦，時稱「將作少匠」，掌治宮室。至漢，改稱「將作大匠」；北齊稱「寺」；於隋文帝開皇二十年（600），始定名為「將作監」；〔註43〕唐更分置左校、右校、中校、甄官四署。〔註44〕宋初承唐制，亦置將作監，惟僅掌祠祀供省牲牌、鎮石、炷香、盥手、焚版諸事；〔註45〕其土木之政，京都繕修之事，則隸三司修造案。〔註46〕迄元豐新官制施行，始一統政令，置監、少監各一人，丞、主簿各二人，凡宮室、城郭、橋梁、舟車營繕之事皆掌之。〔註47〕南宋高宗建炎三年，將作監一度併歸工部；至紹興年間，始漸恢復。孝宗乾道後，以人才輩出，且多寄徑於此，號「儲才之地」，而營繕諸事，則多改由府尹、畿漕任其責焉。〔註48〕

將作監之下，分設五案，置吏二十七人，其屬有十，曰修內司、東西八作司、窯務、丹粉所、竹木務、簾箔場、事材場、退材場、麥麴場、作坊物料庫第三界等。其中修內司、東西八作司者，繕修造作之所也；前者宮禁，後者京城內外，二者並兼造軍器。窯務、丹粉所者，物料製造之所也；前者

---

〔註38〕《宋會要》，職官二九之八。
〔註39〕同上。按：真宗曾一度禁止三尼寺繡造官物。
〔註40〕《宋會要》，職官二九之八。
〔註41〕同上。
〔註42〕同上。
〔註43〕《文獻通考》，卷五七，〈職官考〉十一，「將作監」，頁514下～515上。
〔註44〕《新唐書》，卷四八，〈百官志〉第三十八，頁17上～18上。《唐六典》，卷二三，頁14上。
〔註45〕《宋史》，卷一六五，〈職官志〉五，「將作監」，頁21下。
〔註46〕按：修造案屬三司戶部，《宋史》，卷一六二，〈職官志〉二，「三司使」，頁13上云：「掌京城工作，及陶瓦八作、排岸作坊、諸庫簿帳，勾校諸州營壘、官廨、橋梁、竹木、簾筏。」
〔註47〕同註45。按：宋代舟車之事，實掌於工部下之水部。
〔註48〕《宋史》，卷一六五，〈職官志〉五，「將作監」，頁22下～23上。

造甄，後者製粉。竹木務、簾箔場者，措置物料之所也；前者竹木，後者蒲葦。事材場、退材場、麥麴場、作坊物料庫第三界者，儲積物料之所也，包括竹木、廢材、麴麨，與各式物料。茲再分述之。

（一）修內司、東西八作司：修內司，亦稱提舉修內司。初在汴京普惠坊，後徙於顯仁坊。其職旨在繕修宮禁並造作軍器，惟曾凡有三變：北宋時，專司「宮城、太廟繕修」之事。〔註49〕南宋初，改負造作「御前軍器」之責，〔註50〕其宮禁營繕則由浙漕與京府共為之。〔註51〕迨紹興末（1162），浙漕免修繕，繕修事始復歸修內司。〔註52〕修內司之造作軍器，據《宋會要》載，孝宗乾道元年（1165）至八年（1172），八年間，凡造一百五十三萬餘件，平均每年約十九萬件，且因其精緻堪用，專司官吏均曾受詔獎勵。〔註53〕是可知其造作規模，至為龐大。

東西八作司，初分兩使，只一司；太宗太平興國二年分作兩司；真宗景德四年（1007），復併為一；仁宗天聖元年（1023）始分置官局，東司在汴京安仁坊，西司在安定坊。其職旨在繕修京城內外並兼造軍器，惟亦凡有三變：初時僅掌繕修之事，〔註54〕下分八作：泥作、赤白作、桐油作、石作、瓦作、竹作、塼作、井作。〔註55〕其後始兼「廣備攻城」諸事，領二十一作：大木作、鋸匠作、小木作、皮作、大爐作、小爐作、麻作、石作、塼作、泥作、井作、赤白作、桶作、瓦作、竹作、猛火油作、釘鉸作、火藥作、金火作、青窯作、窯子作。〔註56〕迨神宗熙寧六年（1073），廣備攻城事歸軍器監，〔註57〕八作司乃又專掌繕修。按：上引二十一作，已可約略見其造作內容。尤其猛火油、火藥兩作，實可證宋代火藥製造，已甚為專門。

除修內司、東西八作司外，宋時又有提點修造司。提點修造司始置於太宗太平興國七年（982），分左、右兩廂，掌「督京城營繕」，及「畿縣屯兵營舍修葺」事。〔註58〕淳化三年（992），曾一度隸於東西八作司；然至五年

〔註49〕同前書，同卷，頁22上～下。
〔註50〕《宋會要》，職官三〇之二。
〔註51〕《朝野雜記》，卷一七，〈財賦〉四，「修內司」，頁7上～下。
〔註52〕同上。
〔註53〕《宋會要》，職官三〇之四。
〔註54〕《宋史》，卷一六五，〈職官志〉五，「將作監」，頁22下。
〔註55〕《宋會要》，職官三〇之七。
〔註56〕同上。
〔註57〕《長編》，卷二四六，「神宗熙寧六年八月庚寅」條。
〔註58〕《宋會要》，職官三〇之一六。

（994），復各析置。〔註59〕

　　（二）窰務、丹粉所：窰務之職，專司「陶土為甋瓦器」，以給「營繕之用」；〔註60〕丹粉所之職，專司「燒變丹粉」，以供「繪飾之用」。窰務初於京師有東、西二務，景德四年七月罷，〔註61〕改於河陰（河南河陰）置務，京城之西則置受納場。大中祥符二年（1009），東窰務復置，〔註62〕設監三人，領匠一千二百人；受納場則改為西窰務，設監二人，領匠十等：瓦匠、甋匠、裝窰匠、火色匠、粘較匠、鳥獸匠、青作匠、積匠、畚窰匠、合藥匠等。其歲時造作，以二月興工，十月罷。〔註63〕

　　（三）竹木務、簾箔場：竹木務之職，專措置「修諸路水運材植」，及「抽算諸河商販竹木」，以給「內外營造之用」。〔註64〕太祖時，置竹木務於汳（汴河）上，有卒一千五百人。〔註65〕簾箔場，又稱京東抽稅箔場。建隆元年（960），置於汴京崇善坊，專司「抽算汴河、惠民河商販葦箔、蘆蓆、蒲、藺蓆」，以給「內外之用」。有監官二人。〔註66〕

　　（四）事材場、退材場、麥麴場、作坊物料庫第三界：事材場之職，專司「計度材物」，「前期樸斲」，以給「內外營造之用」。〔註67〕退材場之職，專司收授京城內外「廢退材木」，掄擇以給「營造什器及樵薪之用」。〔註68〕麥麴場之職，專司受納京畿諸縣「夏租麴麩」，以給「圬墁之用」。〔註69〕作坊物料庫第三界之職，專司各式物料儲積，以備急需。〔註70〕按：事材場置於竹木務側，除收納其材植外，並兼負審計之責。〔註71〕退材場置於太宗太平興國七年，眞宗景德三年（1006）罷，改由事材場兼掌；〔註72〕其退材除審

〔註59〕同上。
〔註60〕《宋會要》，食貨五五之二〇。
〔註61〕《長編》，卷六五，「眞宗景德四年秋七月丁丑」條。
〔註62〕同前書，卷七一，「眞宗大中祥符二年五月丁巳」條。
〔註63〕同註60。
〔註64〕同註54。
〔註65〕陳師道《後山談叢》，卷四，頁3下。（筆記小說大觀四編第三冊，文明刊歷代善本，臺北：新興書局，民國63年7月）
〔註66〕《宋會要》，食貨五四之一三。
〔註67〕同註54。
〔註68〕《宋會要》，食貨五四之一五。
〔註69〕同註54。
〔註70〕同註54。
〔註71〕同註65。
〔註72〕同註68。

擇中度者以給營造外，餘皆備薪爨，以能廢物利用。至於麥麵場所積麵麩，則專供泥土工塗牆用。

## 三、軍器監

　　軍器監之職，始自北周武帝（561～578），唐時並分甲、弩兩署。宋初，戎器之職，皆領於三司冑案；〔註73〕至神宗熙寧六年，廢冑案，始仿唐制置監，一總「內外軍器」之政。〔註74〕其後元豐新官制施行，置監、少監各一人，丞二人，主簿一人，專負監督繕治「兵器什物」，以給「軍國之用」之責。〔註75〕先是，熙寧五年（1072），王雱嘗上疏陳諸州作院戎政之弊，以爲所作，但「形質而已」，武庫所積，「大抵敝惡」。並建議更其法度云：

> 斂數州之作，聚爲一處，若今錢監之比，擇知工事之臣，使專其職；
> 且募天下良工，散爲匠師；而朝廷內置工官，以總制其事，察其精
> 窳，而賞罰之。〔註76〕

故至是，凡產材州軍，皆置都作院；凡知軍器利害者，聽詣監陳述；〔註77〕凡諸路作院，則以軍器監所頒利器爲式，依樣造作。

　　軍器監於南宋高宗建炎三年，省併歸入工部；至紹興三年，始復置丞一員；孝宗時，又置監、少監、主簿；惟至寧宗嘉定後，因事務稀簡，特成儲才之所焉。〔註78〕

　　軍器監之下，分設五案，置吏十三人，其屬有四，曰東西作坊、作坊物料庫與皮角場。〔註79〕東西作坊者，戎器製造場也；作坊物料庫、皮角場者，儲積物料之所也。其詳見後。按：除軍器監所轄各坊、庫、場外，宋初則有南、北作坊、弓弩院；神宗熙寧時，則禁中有御前軍器所、鞍子所、斬馬刀局（所）；徽宗崇寧二年（1103），則有都大提舉內外製造軍器所；南宋時有御前軍器所；亦皆爲製造軍器之場。其中除弓弩院專司弓弩器械製造，南北作坊實即東西作坊外，餘皆併爲御前軍器所一項綜述之。

〔註73〕《宋史》，卷一六五，〈職官志〉五，「軍器監」，頁23上。
〔註74〕《長編》，卷二四五，「神宗熙寧六年六月己亥」條。
〔註75〕《宋史》，卷一六五，〈職官志〉五，「軍器監」，頁23上～下。
〔註76〕同前書，卷一九七，〈兵志〉十一，「器甲之制」，頁5上～下。
〔註77〕同前書，同卷，頁6上。
〔註78〕同前書，同卷，頁24上～下。
〔註79〕按：神宗崩，哲宗嗣位，於元豐八年五月，專一製造軍器所亦隸入軍器監。見《長編》，卷三六五，「哲宗元豐八年五月庚子」條。

　　（一）東西作坊：作坊之設，始自太祖，掌造兵器，月有「旬課」；至開寶九年（976），則分南、北作坊，南作坊領兵校及匠三千七百四十一人，北作坊領四千一百九十人。〔註80〕神宗熙寧三年（1070），併北作坊於南，旋改爲東西作坊。〔註81〕及設軍器監，東西作坊隸爲其屬。南宋則併入軍器所。〔註82〕

　　東西作坊專司「造兵器、戎具、旗幟、油衣、藤、漆、什器之物」，以給「邦國之用」。〔註83〕其吏各有監官、監門各二人，工匠則以五千爲額。〔註84〕據《宋會要》載，兩作坊共領五十一作，曰：木作、杖鼓作、藤薦作、鑷子作、竹作、漆作、馬甲作、大弩作、條作、樓作、胡鞍作、油衣作、馬甲生葉作、打繩作、漆衣甲作、劍作、糊粘作、戎具作、描素作、雕木作、蠟燭作、地衣作、鐵甲作、釘作、針作、漆器作、畫作、鑷擺作、綱（鋼）甲作、柔甲作、大爐作、小爐作、器械作、錯磨作、旋（鏇）作、鱗子作、銀作、打線作、打磨（麻）線作、槍作、角作、鍋砲作、磨頭车作等。〔註85〕今雖已難究其詳，然規模之大，與分工之細，仍可概見。

　　（二）作坊物料庫、皮角場：作坊物料庫與皮角場，雖皆儲積物料之所，性質卻各不同。蓋前者原有三庫，於眞宗景德元年（1004），併爲一庫；掌收「鐵、木、鉛、錫、羽、箭簳、油、蠟、革、石、矢、鏃（鏃）、麻、布、毛、漆、朱」等料，以給「作坊之用」。〔註86〕後者又稱「皮角場庫」，在汴京顯仁坊；原有一場三庫，於景德三年併爲一；掌受「天下骨、革、筋、角、脂、硝」，以給「造軍器、鞍轡、氈毯之用」；有監官二人，監門一人。〔註87〕

　　按：太宗雍熙四年（987），曾遣內侍假都亭驛部匠造紅罫，後隸北作坊；於景德三年，併入皮角場。〔註88〕又有椿水牛皮筋角庫者，本別置監官，亦於是年併省，由皮角場官兼掌。〔註89〕至如煎膠務者，太宗太平興國元年（976）

〔註80〕《長編》，卷一七，「太祖開寶九年三月己巳」條。
〔註81〕同前書，卷二十八，「神宗熙寧三年十二月戊辰」條。
〔註82〕李埴《皇宋十朝綱要》，卷二二，「高宗紹興三年四月甲午」條。（宋史資料萃編第一輯，臺北：文海出版社，民國 56 年 1 月）
〔註83〕《宋會要》，方域三之五〇。
〔註84〕《宋史》，卷一九七，〈兵志〉十一，「器甲之制」，頁 13 上。
〔註85〕《宋會要》，方域三之五〇～五一。
〔註86〕同前書，方域三之五二。
〔註87〕同前書，食貨五二之九。
〔註88〕同上。
〔註89〕同上。

置，掌「煮皮爲膠」，以給「諸司之用」；凡退料則置場出賣；有匠十二人。
〔註 90〕其隸屬史未詳書，然似與皮角場有關，謹附記之。

（三）弓弩院：弓弩院之設，始自太祖開寶元年（968），掌「造弓弩、甲冑、器械、旗劍、御鐙」諸物。〔註 91〕置監官二員，領兵匠一千又四十二人。其每歲所造兵械，如角色弓、白樺弓、虎翼弩、馬黃弩、牀子弩、白皮器械、水獺皮器械、旗幟、弩椿、鎧、弓弩、箭弦、鏃等，多達一千六百五十餘萬。〔註 92〕

另則造箭院者，掌「造長箭、弩箭」。初分南、北二庫，眞宗咸平六年，始併爲一，並隸弓弩院。有監官二人，領匠一千又七十一人。〔註 93〕眞宗並於天禧四年（1020），詔以南作坊之西偏爲弓弩造箭院。〔註 94〕

（四）御前軍器所：御前軍器所又稱御前製造（生活）所，始置自神宗熙寧六年，惟僅設於禁中，〔註 95〕自造軍器，與軍器監互不統轄。〔註 96〕南渡後，御前軍器所置於臨安（浙江杭州），並於高宗建炎四年（1130），拘收器甲所物料。〔註 97〕紹興二年（1132），御前軍器所歸隸工部；〔註 98〕三年，東西作坊入併；〔註 99〕五年（1135），罷提舉官；〔註 100〕孝宗乾道四年（1168），撥屬步軍司；〔註 101〕理宗景定三年（1262），又改隸殿前司。〔註 102〕

南宋時之御前軍器所，實已取代軍器監，一總戎器之政，專造兵械。所

---

〔註 90〕《宋會要》，食貨五五之一三～一四。
〔註 91〕同前書，職官一六之二四。
〔註 92〕《文獻通考》，卷一六一，「兵考」十三，「軍器」，頁 1403 中。
〔註 93〕同註 91。
〔註 94〕同註 91。
〔註 95〕楊仲良《續資治通鑑長編紀事本末》，（以下簡稱《長編紀事本末》）卷七五，神宗皇帝，「軍器監」，頁 11 上。（宋史資料萃編第二輯，光緒十九年廣雅書局刊本，臺北：文海出版社，民國 56 年 11 月）
〔註 96〕按：軍器監曾奏請比較御前軍器所與軍器監所造鞍轡。見《長編》卷二六四，「神宗熙寧八年五月丁丑」條。
〔註 97〕《宋會要》，職官一六之四。
〔註 98〕李心傳《建炎以來繫年要錄》，（以下簡稱《要錄》），卷五四，「高宗紹興二年五月癸未」條。（宋史資料萃編第二輯，光緒庚子年廣雅書局刊本，臺北：文海出版社，民國 57 年 1 月。）
〔註 99〕《宋會要》，職官一六之五。
〔註 100〕同前書，職官一六之七。
〔註 101〕同前書，職官一六之一八。
〔註 102〕潛說友《咸淳臨安志》，卷九，「製造御前軍器所」，頁 1 下。（宋元地方志叢書第七冊，清道光十年刊本，臺北：中國地志研究會，民國 67 年 8 月）

置有提點、提轄官二員，幹辦官一員，監造官二員，受給、監門官各一員，凡領役兵千餘人。〔註 103〕其中幹辦官下有手分一名，管幹「關防、覺察、受給、大門、交收官物」，負綜理庶務之責。〔註 104〕監造官下有吏三人，主行移文字，並分案三：一掌「造作計料軍器」，負審度造作之責；一掌「點勘人匠開收，并招收轉補」，負人事（工匠）管理之責；一掌「書勘起請諸色物料」，負申請物料之責。〔註 105〕監門官下有吏一人，主承行文字，「點檢官物出入，檢搜人匠」，〔註 106〕負關防覺察之責。此外，並另設受給見管物料庫二十六座、全成庫見管庫九座，及木炭場一座，〔註 107〕以儲置物料。

除御前軍器所外，南宋高宗紹興七年（1137），又嘗設製造御前軍器局於建康府，隸樞密院與工部，惟旋即省併。〔註 108〕

至如北宋神宗時，禁中所置鞍子所、斬馬刀所（局）等，亦皆軍器製造之所。以史料不詳，茲從略。

## 四、其他寺監附設機構

（一）三寺：三寺者，指光祿、司農、太府寺，皆各有附設官府工場。試分述之。

1、光祿寺：光祿寺職在「供祠祭酒醴、果實、脯醢、醯菹、薪炭，及點饌進胙」。〔註 109〕於元豐改官制後，置屬有十：曰太官令，法酒庫、內酒坊，御廚，太官物料庫，翰林司，牛羊司，牛羊供應所，乳酪院，油醋庫，外物料庫。〔註 110〕其中法酒庫、內酒坊、乳酪院與油醋庫等，皆近似官府工場。

（1）法酒庫、內酒坊：法酒庫與內酒坊，位於一處，〔註 111〕皆為造酒之所，惟其所造諸酒，性質、用途卻不同。法酒庫專造法酒，以待進御、祠祭及給賜；遇祭祀則供五齊三酒，〔註 112〕以實罇罍。其酒凡分三色：供御、祠

---

〔註 103〕同註 **98**。

〔註 104〕《宋會要》，職官一六之四。

〔註 105〕同上。

〔註 106〕同上。

〔註 107〕《宋會要》，職官一六之一四。

〔註 108〕同前書，職官一六之二二～二三。

〔註 109〕同前書，職官二一之一。

〔註 110〕同上。

〔註 111〕《宋會要》，食貨五二之一。

〔註 112〕法酒指祭祀時所用之酒；五齊三酒者，指泛齊、醴齊、盎齊、緹齊、沈齊，與事酒、昔酒、清酒。參見《宋會要》，職官二一之四～五；岳珂《愧郯錄》，

祭與常供。〔註113〕因皆非凡品，故《哲宗正史職官志》云：「視其厚薄之齊，而謹其出納之政。」〔註114〕管制甚爲嚴格。內酒坊則造常酒，以待餘用。〔註115〕所造亦分三色：法糯、糯與常料，又各分三等。其中法糯專供祭祠，糯與常料，則給賜諸軍將吏、工匠。〔註116〕

（2）乳酪院：乳酪院掌造酥酪，〔註117〕以供祭祀、朝會、宴饗膳饈之用。初置南北二院，眞宗景德四年，以羣牧使言其煩費，省南院。〔註118〕南宋高宗建炎三年，併入牛羊司。〔註119〕

（3）油醋庫：油醋庫位於汴京建初坊，掌「造麻荏荍、三等油及醋」，〔註120〕以供邦國膳饈內外之用。〔註121〕置有監官、副知、雜役與斗子八人，領油匠六十人，醋匠四人。

2、司農寺：司農寺之職，本在「供籍田九種，及諸祀供豕及蔬果、明房油，平糴、利農」諸事。〔註122〕元豐改官制後，則凡「倉儲委積之政」，「苑囿庫務之事」皆掌之，並「謹其出納」。〔註123〕司農寺之下，分設六案，置吏十八，其屬五十：曰倉二十五、草場十二、排岸司四、園苑四，下御司、都麴院、水磨務、內柴炭庫、炭場各一。其中都麴院與水磨務，皆屬生產單位，近似官府工場。

（1）都麴院：都麴院即酒麴製造場，專「造粗細一等麴」，以「給內酒坊」，並「出鬻收直」。〔註124〕造作時，磨麥用料、功限皆有定制；大凡磨小麥四萬石，用驢六百頭、步磨三十盤，每料磨五百碩；〔註125〕每日作息，輒

卷五，「五齊三酒」，頁1下～2上。（筆記小說大觀正編第一冊，文明刊歷代善本，臺北：新興書局，民國62年4月）
〔註113〕《宋會要》，職官二一之四。
〔註114〕同前書，職官二一之二。
〔註115〕同上。
〔註116〕同註113。
〔註117〕《宋會要》，職官二一之三。
〔註118〕《長編》，卷六七，「眞宗景德四年十一月甲戌」條。
〔註119〕《宋會要》，職官二一之一二。
〔註120〕同前書，食貨五二之三。
〔註121〕《文獻通考》，卷五五，〈職官考〉九，「諸卿」，「光祿卿」，頁500下。
〔註122〕《宋會要》，職官二六之一。
〔註123〕《宋史》，卷一六五，〈職官志〉五，「司農寺」，頁6上。
〔註124〕《宋會要》，職官二六之三三。
〔註125〕同前書，職官二六之三四。

以四更動磨，未時絕磨。役兵凡四百二十八人。都麴院並另有踏麴部，每俟麴乾，即由內臣一人赴院，秤取千斤，而由別庫收掌之。〔註126〕

（2）水磨務：水磨務爲一麵粉製造場，乃利用「水磑磨麥」，以「供尙食」，及「內外之用」。〔註127〕有東西二務，東務在永順坊，西務在嘉慶坊。太祖開寶三年（970），置監官各二員，領匠二百五十人。除東西務外，又有大通門務，太宗淳化元年（990），置監官一員；至眞宗大中祥符二年，則改由西內染院監官兼領，置匠二十九人。〔註128〕按：水磨務磨麥主要工具爲水磑，故東西二務皆有之。西水磑造於太祖乾德元年（963）；〔註129〕東水磑約亦造於太祖時，惟確實年代不詳。〔註130〕水磑除供磨麥外，並可兼作苑囿游樂設施，故太祖、太宗幸達十五次之多。〔註131〕

3、太府寺：太府寺之職掌，元豐改官制前，僅在「供祠祭香幣、帨巾、祠位席」，及「造斗秤升尺」而已，〔註132〕且斗秤升尺於熙寧四年，改隸少府監文思院製造。至元豐改官制後，始總掌「財貨給納貿易」諸事。〔註133〕據哲宗正史職官志云，太府寺所轄官司二十有四：曰汴河上下鏍、蔡河上下鏍、交引庫、左藏庫、內藏庫、奉宸庫、祗候庫、香藥庫、布庫、茶庫、雜務庫、都商稅務、市易上界、市易下界、抵當所、熟藥所、店宅務、石炭場、雜買務、雜賣場等。其中交引庫與店宅務，均附設有官府工場。

（1）交引庫：交引庫專司印造國家有價文券。始置自何時，史不可考。於元豐改官制後，隸屬太府寺，以掌「給印、出納交引、錢鈔」。〔註134〕哲宗元祐初（1086），交引庫曾一度改隸倉部，惟旋於三年（1088），復歸太府寺。〔註135〕南宋時之交引庫，則始終隸屬太府寺，且置諸太府寺門內，〔註136〕未嘗有變。

---

〔註126〕同上。
〔註127〕《宋會要》，食貨五五之一。
〔註128〕同上。
〔註129〕《長編》，卷四，「太祖乾德元年九月戊寅」條。
〔註130〕《宋史》，卷三，「太祖本紀」三，頁7下、8下、9上。
〔註131〕據《長編》、《宋史》所載太祖、太宗兩朝史事統計，太祖幸水磑計十次，太宗計五次。且太祖開寶八年八月，太宗太平興國五年閏三月，皆曾幸水磑「觀魚」。
〔註132〕《宋會要》，職官二七之一～二。
〔註133〕同上。
〔註134〕《宋會要》，職官二七之二。
〔註135〕《宋史》，卷一六五，〈職官志〉五，「太府寺」，頁9下。
〔註136〕《咸淳臨安志》，卷九，「交引庫」，頁8上。

交引庫如何印造交引，以吳必大〈交引庫聽（廳）壁記〉載之最詳，茲
節錄如下：

> 交引庫，……交引所由造也。……託尺紙之書，行千金之積，良賈
> 牟利，得此恃無恐，不得則於法爲私有。……庫無他貯；惟官紙若
> 朱，日常文書，行梓以墨，銅籀以紅，櫛比者，題號者，胥史（吏）
> 工徒魚貫坐，各力乃事。既成，持白丞簿，白是當書，既書，乃牧
> 數而授之権貨務，商族趨焉。聽（廳）廡粗備，踵故以火禁，筦庫
> 氏弗得處其間，……啓閉出内，作鉗尾字。〔註137〕

據上文，可知交引庫貯有大量官紙；其交引以墨色印刷，並加蓋紅印；印製
過程繁複，必須分工合作，乃克其成；且交引庫因滿貯官紙，火禁甚嚴，即
令管庫人員，亦不得居住其間；又因關防森嚴，凡所出納及休工時，均須印
記加封，所謂「鉗尾字」者，恐即加封之字樣。〔註138〕

按：南宋時，爲舒解政府財政困難，又應於事實所需，各類有價文劵，
均大量印行，如交子務造交子，〔註139〕會子務（局）造會子，〔註140〕権貨務
造公據、關子，〔註141〕造會紙局〔註142〕、行在（臨安）紙局所〔註143〕造關
子、會子用紙等。亦皆具官府工場性質。茲附誌之，不多述。

（2）店宅務：店宅務初名樓店務，於太宗太平興國中（976～984），始
改稱左右廂店宅務。〔註144〕其職在掌「官邸店，計直出僦」，〔註145〕以所
收錢供禁中脂澤之用。端拱二年（989），左右廂店宅務併成「都店宅務」，〔註
146〕且其後名稱屢變，職務亦有增損。如淳化五年，復爲兩廂；至道三年

---

〔註137〕見富大用《古今事文類聚新集》，卷三六，「交鈔庫」條。轉引自戴裔煊《宋
　　　　代鈔鹽制度研究》（上海：商務印書館，民國46年8月）第二編，第二章「鹽
　　　　鈔」，頁141。

〔註138〕參見朱重聖《北宋茶之生產、管理與運銷》下冊，第三章第一節，頁258～
　　　　260。（中國文化大學史學研究所博士論文，民國69年1月）

〔註139〕交子務置於高宗紹興六年二月，同年五月改交子爲關子，罷交子務。見《宋
　　　　史》，卷二八，「高宗本紀」五，頁8上、10下。

〔註140〕《宋史》，卷三二，「高宗本紀」九，頁1上，云高宗紹興三十一年二月丙辰，
　　　　「置行在會子務」。

〔註141〕同前書，同卷，頁4上。

〔註142〕《咸淳臨安志》卷九，〈造會紙局〉，頁7下～8上。

〔註143〕《宋史》，卷一八一，〈食貨志〉下三，「會子」，頁7上。

〔註144〕《長編》，卷三〇，「太宗端拱二年」條。

〔註145〕《宋會要》，食貨五五之二。

〔註146〕同註144。按：《宋會要》，食貨五五之二則云：「併爲邸店宅務。」

（997），再併爲一；眞宗咸平元年，又改稱都大店宅務兼修造司，蓋自是始兼「修造繕完」之事；六年，析修造司別爲一司；景德三年復兼之；此後至大中祥符元年（1008），修造司改隸東西八作司，〔註147〕店宅務乃不再兼設造作機構。

（二）二監：二監者，指國子監與司天監，亦皆附設有官府工場。試分述之。

1、國子監：國子監乃宋代最高教育機構，始置自太祖建隆三年（962），〔註148〕並設判監事二人，直講八人，丞與主簿各一人。洎神宗元豐官制行，置祭酒、司業、丞、主簿各一人，太學博士（原直講）十人，正、錄各五人，武學博士二人，律學博士、正各一人。〔註149〕國子監之下，本設有印書錢物所，太宗淳化五年，以判監事李志言其「名爲近俗」，改稱國子監書庫官，並置監官。〔註150〕蓋此即國子監附設之印書機構，其職則在「印經史羣書，以備朝廷宣索賜予」，及「出鬻而收其直，以上於官」。〔註151〕國子監書庫官於神宗元豐三年（1080）省併；南宋高宗紹興十三年（1143），始復置一員，惟於三十一年（1161）又罷。其後孝宗隆興初（1163），詔主簿兼書庫；至乾道七年（1171），始再復置。〔註152〕

按：板印書籍始之於唐，至五代馮道印五經後，始漸流行。宋仁宗慶曆年間畢昇發明活版印刷，印書更爲普及，〔註153〕國子監成爲官府印書之主要機構。宋代國子監所印圖書，以經史、佛藏、刑法、醫書、農書爲主，有「監本」之稱，惟因時代不同，又有「北宋監本」、「南宋監本」之分。北宋監本，實即北宋國子監所鏤刊圖書舊本，然於靖康之難，悉擄於金。其南渡後，宋廷不惜重貲，取諸道州學舊監本，重新鏤版印刷者，〔註154〕則稱「南宋監本」。〔註155〕

---

〔註147〕《宋會要》，食貨五五之二。

〔註148〕同前書，職官二八之一。

〔註149〕《宋史》，卷一六五，〈職官志〉五，「國子監」，頁12上～下。

〔註150〕同前書，同卷，頁19下。

〔註151〕同前書，同卷，頁19下～20上。

〔註152〕按：《咸淳臨安志》，云，國子監位於紀家橋；書版庫則位於中門之內。

〔註153〕詳見沈括《夢溪筆談》，卷一八，「技藝」，頁3下～4上。（筆記小説大觀十編第一冊，文明刊歷代善本，臺北：新興書局，民國64年12月）

〔註154〕《朝野雜記》，卷四，「監本書籍」，頁9下～10上。

〔註155〕王國維，《五代兩宋監本考》，卷下，「南宋監本」，頁129。（人人文庫本，臺

2、司天監：宋代司天監始置自太祖時，掌觀察天象，釐正時刻，「修造曆書」，以供國用之職。〔註156〕神宗元豐改官制，罷司天監，設太史局，隸祕書省。太史局仍負「測驗天文、考定曆法」之責。其別局則有天文院、鐘鼓院、測驗渾儀刻漏所與印曆所等。其中印曆所掌「雕印曆書」，〔註157〕為太史局附設之印造單位，具官府工場性質。惟其印造情形，史書無詳，已不可考矣。

　　（三）二省：二省者，指殿中省與內侍省，因性質特殊，皆有附設造作機構。試分述之。

　　1、殿中省：宋代殿中省，旨在供奉「天子玉食、醫藥、服御、幄帟、輿輦、舍次」諸事，〔註158〕故有尚衣庫、內衣庫、新衣庫與朝服法物庫等專設機構，以貯各式御用服物。且其中尚衣庫、新衣庫與朝服法物庫，又兼具製作之責。

　　（1）尚衣庫：尚衣庫實即內衣庫，於真宗大中祥符二年改名；至神宗熙寧四年，併入內衣物庫，仍稱尚衣庫。〔註159〕尚衣庫之職，主在管理「駕頭、服御、繖扇」諸名物，〔註160〕惟據仁宗嘉祐八年（1063），太常禮院上言：

　　　　（英宗）皇帝登寶位，修製袞龍服、絳紗袍、鎮圭，合付尚衣庫與

　　　　少府監修製。〔註161〕

知其亦製作衣服。

　　（2）新衣庫：新衣庫位於汴京太平坊。掌「受錦綺、雜帛、衣服之物」，以備「給賜及邦國儀注」之用。〔註162〕於神宗熙寧四年廢罷，官物則撥赴儀鸞司等處。〔註163〕

　　新衣庫據真宗景德二年詔云：

　　　　新衣庫所造單衣，並用小印記造納年月，支遣之時，須依合支長短、

　　　　尺寸、分兩，若有出退嫌者，將樣赴三司看驗勘斷。〔註164〕

　　　　北：臺灣商務印書館，民國 65 年 12 月）

〔註156〕《宋會要》，職官一八之二。

〔註157〕《宋史》，卷一六四，〈職官志〉四，「祕書省」，「太史局」，頁 12 上。

〔註158〕《宋會要》，職官一九之一。

〔註159〕《玉海》，卷一八三，〈食貨門〉，府庫，「祥符尚衣庫」，頁 21 下～22 上。

〔註160〕《宋會要》，職官一九之二。

〔註161〕《宋會要》，食貨五二之二五。

〔註162〕同前書，職官一九之二。

〔註163〕《長編》，卷二二三，「神宗熙寧四年五月」條。

〔註164〕《宋會要》，食貨五二之二四～二五。

知其非僅兼爲製作單位，且所造有一定法式，完成後並標明製造日期，以備日後支遣。支遣時如發生退貨，則由三司看驗勘斷。

（3）朝服法物庫：朝服法物庫置自太宗太平興國二年，後分三庫：一在天安殿後；一在右掖門內北廊；一在正陽門外。至徽宗崇寧三年，併入殿中省。朝服法物庫旨在掌「百官朝服、諸司儀仗」名物。〔註165〕惟據《宋會要》載，其下曾設裁造院、針線院、雜賣場等附屬單位，以造作服物。〔註166〕

2、內侍省：內侍省之稱，始自眞宗景德三年；宋初則稱內班院；太宗淳化五年，稱黃門院或內侍省內侍班院。〔註167〕內侍省之職，凡「拱侍殿中」、「備洒掃之職」、「役使雜品」皆屬之。〔註168〕所轄則據神宗正史職官志云，有御藥院、管勾往來國信所、合同憑由司、後苑造作所、提點寺務司等。〔註169〕其中後苑造作所，實即專司製造之工場。

後苑造作所位處皇城之北，專負造「禁中及皇屬婚娶名物」之責。〔註170〕有監官三人，專典十二人，兵校及匠役四百三十六人。〔註171〕據《宋會要》載〔註172〕，後苑造作所初領七十四作，後增七作，凡八十一作。其各作名稱如下：生色作、縷（鏤）金作、燒朱作、腰帶作、鈒作、打造作、面花作、結條作、玉作、眞珠作、犀作、琥珀作、玳瑁作、花作、蠟裏作、裝鑾作、小木作、鋸匠作、漆作、雕木作、平撥作、鎬作、旋（鏇）作、寶裝作、纓絡作、染牙作、研作、胎素作、竹作、鈒鏤作、糊粘作、像生作、靴作、折竹作、稜作、匙筋作、拍金作、鐵作、小爐作、錯磨作、樂器作、毬子作、榆棒作、毬仗作、絲鞋作、鍍金作、捵洗作、牙作、梢子作、裁縫作、拽條作、釘子作、尅絲作、綉作、織羅作、條作、傷裏作、藤作、打絃作、銅碌作、綿臙脂作、臙脂作、桶作、雜釘作、響鐵作、油衣作、染作、戎具作、扇子作、鞍作、冷墜作、傘作、劍鞘作、打線作、金線作、裏劍作、冠子作、

〔註165〕同前書，職官一九之二。

〔註166〕同上。

〔註167〕《宋會要》，職官三六之一。

〔註168〕《宋史》，卷一六六，〈職官志〉六，「內侍省」，頁13上。

〔註169〕《宋會要》，職官三六之一三～一四。按：提點寺務司掌「斂租稅之課入，以修營佛祠」，哲宗正史職官志列入鴻臚寺。

〔註170〕《宋會要》，職官三六之七二。

〔註171〕按：神宗即位之初，嘗詔諸色工匠以三百人爲額。見《宋會要》，職官三六之七三。

〔註172〕《宋會要》，職官三六之七二～七三。

角襯作、浮動作、瀝水作、照子作。蓋由其分工中，不難見出宋代皇室服御種類之精之細之多。後苑造作所罷於南宋高宗紹興二年，惟留老工數人，作弓鎧以爲武備云。〔註173〕

除後苑造作所外，宋曾另有後苑西作院與後苑燒朱所。後苑西作院，掌造「禁中服用之物」；〔註174〕原亦在皇城司，眞宗天禧五年（1021），徙置拱宸門外。仁宗慶曆二年（1042）罷，〔註175〕後復置，至神宗元豐八年（1085）再罷。〔註176〕後苑燒朱所（簡稱燒朱所）掌「燒變朱紅」，以供「丹漆作繪」之用。始置自太宗太平興國三年，由僧德愚、德隆二人假後苑掌鍊。其後廢置無常，然均以僧人掌之，內侍一人監之。〔註177〕

（四）其他：宋代直隸中央之官府工場，除前述各寺、監、省所轄者外，又有造船務、鑄鎬務、度牒庫、御前甲仗庫，及印經院等屬之。以其性質特殊，茲併爲一項分述之：

1、造船務：宋代造船務隸三司鹽鐵部掌理。〔註178〕始置自何時，史未詳書；惟據《長編》所載，當早於太祖建隆二年（961）。〔註179〕其設置地點，當在汴京朱明門外。〔註180〕設置目的，則在伐江南。亦因是之故，吳越納土之前，太祖、太宗二帝，每多臨幸，且「觀習水戰」。〔註181〕吳越納土後，江

---

〔註173〕《要錄》，卷五三，「高宗紹興二年閏四月丙申」條。

〔註174〕《宋會要》，職官三六之七三。

〔註175〕同上。

〔註176〕時哲宗已即位，未改元。見《長編》，卷三六二，「元豐八年十二月甲戌」條。《宋會要》，職官三六之七五。《皇宋十朝綱要》，卷一○下，頁7上。

〔註177〕《宋會要》，職官三六之七六。

〔註178〕按：宋初三司鹽鐵部之兵案，職掌之一爲「造船」，則造船務當即由其管轄。

〔註179〕《長編》，卷二，「太祖建隆二年春正月壬寅」條云：「幸造船務，觀習水戰。」則據此，可推知宋代造船務之設置，當早於此時。

〔註180〕同前書，卷四，「太祖乾德元年夏四月庚寅」條云：「出內府錢募諸軍子弟數千人，鑿池於朱明門外，引蔡水注之，造樓船百艘，選辛號水虎捷，習戰池中。」則據此，造船務依其地緣關係，必鄰近此處。

〔註181〕太祖之世凡九次：建隆二年春正月壬寅、己未、二月庚午，三年冬十月丙戌，乾德元年春正月乙丑、夏四月庚寅，四年秋七月己巳，五年春二月庚申，開寶三年冬十月。太宗之世凡三次：太平興國二年春二月戊午，三年夏四月庚午、秋八月癸丑。分見《長編》，卷二，「建隆二年春正月壬寅、己未」、「二月庚午」；卷四，「乾德元年春正月乙丑」、「夏四月庚寅」；卷一八，「太宗太平興國二年二月戊午」諸條。《宋史》，卷一，〈太祖本紀〉一，頁13上；卷二，〈太祖本紀〉二，頁4上、5上；卷四，〈太宗本紀〉一，頁6上、7下。《玉海》，卷一四七，〈兵制門〉，水戰，「開寶講武池」，頁14上。

南底定，則史多闕聞。

2、鑄鎬務：鑄鎬務係眞宗景德三年冬，就在京鑄錢監改立，〔註 182〕位於汴京顯仁坊，掌「造銅、鐵、鍮、石諸器及道具」，以「供內外出鬻」。〔註 183〕有監官二人，工匠一百一十人。鑄鎬務初時隸於三司鹽鐵部下之鐵案，〔註 184〕於元豐新官制後，改隸工部下之虞部。〔註 185〕

3、度牒庫：有關度牒庫之置廢，北宋史料，今已不詳，南宋則僅《宋會要》略有記載。蓋高宗建炎四年，度牒庫歸屬禮部，〔註 186〕並撥入原文思院度牒胥吏工匠，〔註 187〕專司打造度牒。其工匠分雕字匠、打背匠、裁剪匠與碾砑匠等。於孝、光二宗之世，曾有大量打造之記錄。〔註 188〕

4、御前甲丈庫：御前甲丈庫始置自南宋高宗紹興中（1131～1162），位於禁中。〔註 189〕凡乘輿所需，及圖畫、什物，有司不能供者，悉取諸此。故百工伎藝之巧聚焉，成一獨立造作機構。御前甲丈庫間亦造酒，且所釀較內酒庫者尤佳。後以靡費無數，於紹興三十年（1160）罷。〔註 190〕

5、印經院：印經院始置自太宗太平興國八年（983），〔註 191〕其統隸雖不可考，然據謝采伯引《東京記》云：「八作司，獨傳伎巧之物；若致遠務、裁造院、……鍼線院、……印經院、燒朱所、新衣庫、……，纖悉畢備。」〔註 192〕舉其與諸中央官府工場並列，則推想當亦為官府所設。印經院旨在印造佛

〔註 182〕《長編》，卷六四，「眞宗景德三年是冬」條。

〔註 183〕同上。

〔註 184〕按：三司鹽鐵部下之鐵案，掌「金、銀、銅、鐵、朱砂、白礬、綠礬、石炭、錫、鼓鑄」諸事，則鑄鎬務當隸屬之。見《宋史》，卷一六二，〈職官志〉二，「三司使」，頁 13 上。

〔註 185〕按：元豐新官制施行，罷三司，鹽鐵部鐵案歸入工部下之虞部，則鑄鎬務亦隸屬虞部。

〔註 186〕按：高宗建炎四年正月詔：「度牒庫印，以『禮部度牒庫印』六字為文。」見《宋會要》，職官一三之四〇。

〔註 187〕《宋會要》，職官一三之四〇。

〔註 188〕同上。

〔註 189〕《朝野雜記》，卷一七，「財賦四」，「御前甲庫」，頁 6 上。

〔註 190〕《要錄》，卷一八四，「高宗紹興三十年春正月丁酉」條。

〔註 191〕高承《事物紀原》，卷七，〈眞壇淨社部〉第三十六，「印經」，頁 25 上。（四庫全書珍本十二集，子部類書類，文淵閣本，臺北：臺灣商務印書館，民國 72 年）

〔註 192〕謝采伯《密齋筆記》，卷一，頁 5 下～6 上。（筆記小說大觀三十編第十冊，文明刊歷代善本，臺北：新興書局，民國 68 年 10 月）

藏、道藏等經。於熙寧末（1077）廢，以其印板，賜顯聖寺。〔註193〕

# 第二節　分布地方之官府工場組織及其類別

宋代官府工場之分布地方者，每視地利與需要而不同。其要者如：因礦產興發而置坑冶場務；因銅鐵匯聚而置鑄錢監；因材植所出而置作院或都作院；因戰防交通而置造船場務；因桑麻之利而置織造場務；因軍須民生而置酒務；因摘山之便而置茶苑等。至其管理機構，則多上有發運司、轉運司，下有提點官、提舉官、監當官，乃至地方長貳分負其責。茲再試就一、坑冶場務，二、鑄錢監，三、作院與都作院，四、造船場務，五、織造場務，六、酒務，七、茶苑，八、其他為序，依類別為主，組織為輔，分述於後：

## 一、坑冶場務

宋代坑冶場務每隨礦產之興發而置廢，而所謂礦產者，則可分金、銀、銅、鐵、鉛、錫、水銀、朱砂八類。其統領機構，內多屬諸戶部下之金部，外多隸之發運司或諸路轉運司。〔註194〕惟徽宗崇寧二年，為收山澤之產，鑄泉貨以給「邦國之用」，〔註195〕曾一度改隸戶部右曹，置提點坑冶司專領。〔註196〕以迄南宋高宗建炎元年（1127），始又恢復舊制。

坑冶場務之直接管理人，各為縣丞〔註197〕或監當官。〔註198〕而其經營形態，則大致可分官府直營、官監民營兩類。蓋前者所出，由官府自賣或上供；後者所出，則由民承買之，以分數賣於官，〔註199〕或依課徵納於官。

坑冶場務因置廢無常，難作正確統計。惟據《宋史》載，宋初凡二百一十處；〔註200〕英宗治平中（1064～1067），則二百七十一冶；〔註201〕神宗熙

---

〔註193〕同註191。
〔註194〕《宋史》，卷一八五，〈食貨志〉下七，「阬冶」，頁18下。
〔註195〕同前書，卷一六七，〈職官志〉七，「提舉坑冶司」，頁19下。
〔註196〕同註194。
〔註197〕《文獻通考》，卷六三，〈職官考〉十七，「縣丞」，頁573中～下。
〔註198〕《宋史》，卷一六七，〈職官志〉七，「監當官」，頁33下。
〔註199〕按：熙寧元豐時，坑冶多召百姓采取，自備物料烹鍊，以十分為率，官收二分。見《朝野雜記》，卷一六，〈財賦〉三，「金銀阬冶」，頁7下～8上。
〔註200〕按：《宋史》，卷一八五作「二百有一」處，但據《文獻通考》所載，逐處加之，應為「二百一十」處；《宋史》所載當為有誤。見《宋史》，卷一八五，〈食貨志〉下七，「阬冶」，頁10下～11上。

寧七年（1074），一百三十六冶；〔註202〕徽宗宣和六年（1124），則僅江、淮、荊、浙九路，即有二百四十五冶；〔註203〕其後南宋高宗紹興三十二年，諸冶總數，竟多達一千一百七十餘處。〔註204〕茲僅再舉宋初諸州軍監冶場務，以見一斑：〔註205〕

（一）金：州四：商（陝西商縣）、饒（江西鄱陽）、歙（安徽歙縣）、撫（江西臨川）州；軍一：南安軍（江西大庚）。

（二）銀：監三：桂陽（湖南桂陽），鳳州（陝西鳳縣）開寶，建州（福建建甌）龍焙；場四十八：饒州德興，虔州（江西贛縣）寶積，信州（江西上饒）寶豐，建昌（江西南城）馬茨湖、看都，越州（浙江紹興）諸暨，衢州（浙江西安）南山、北山、金水，處州（浙江麗水）慶成、望際，道州（湖南道縣）黃富，福州（福建閩侯）寶興，漳州（福建龍溪）興善、毗婆、大深巖洞，汀州（福建長汀）黃焙、龍門、寶安，南劍州（福建南平）龍逢、寶應、王豐、杜唐、高才、贍國、新豐巖、梅營、龍泉、順昌，邵武軍（福建邵武）焦阬、龍門、小杉、青女、三溪、黃上、同福、礐磜，南安軍穩下，廣州上雲，韶州（廣東曲江）樂昌、螺阬、靈源，連州（廣西連縣）同官，英州（廣東英德）賢德、堯山、竹溪，恩州（廣東陽江）梅口，春州（廣東春縣）陽江；務三：秦州（甘肅天水）隴城，隴州（甘肅隴縣），興元府（陝西南鄭）。

（三）銅：場三十五：饒、處、建、英州各一，信州、南安軍各二，汀州三，漳州四，邵武軍八，南劍州十二；務一：梓州（四川三台）銅采。

（四）鐵：監四：大通，兗州（山東滋陽）萊蕪，徐州（江蘇銅城）利國，相州（河南安陽）利成；冶十二：河南（河南洛陽）凌雲，虢州（河南靈寶）麻莊，同州（陝西大荔）韓山，鳳翔（陝西鳳翔）赤谷、磑平，儀州（甘肅華亭）廣石河，蘄州（湖北蘄春）回嵐、甕窰，黃州（湖北黃岡）龍陂，袁州（江西宜昌）貴山，興國軍（湖北陽新）慈湖，英州黃石；務二十：晉（山西平陽）、磁（河北磁縣）、鳳、澧（湖南澧縣）、道、渠（四川渠縣）、合（四川合川）、梅（廣東梅縣）州各一，及陝州（河南陝縣）集津，耀州（陝西耀縣）榆林，坊州（陝西中部）玉華，虔州上平、符竹、黃平、青堂，吉

〔註201〕同前書，同卷，頁 12 上～下。
〔註202〕同前書，同卷，頁 13 下。
〔註203〕同前書，同卷，頁 18 上。
〔註204〕同前書，同卷，頁 19 上。
〔註205〕《文獻通考》，卷一八，〈征榷考〉五，「坑冶」，頁 178 下～179 上。

州（江西吉安）安福，汀州莒溪、古田、龍興、羅村。場二十五：信州丁溪、新溪、鄂州（湖北武昌）聖水、荻洲、樊源、安樂、龍興、大雲，建州晚化、南劍州毫村、東陽、武夷、平林、塗阬、安福、萬足、桃源、交溪、婁杉、湯泉、立沙、黃溪，邵武軍萬德、寶積，連州牛鼻。

（五）鉛：場三十九：越、建、連、英、春州各一，韶州、南安軍各二，衢、汀州各三，漳州四，邵武軍八，南劍州十二。

（六）錫：場九：河南長水，虔州安遠，南安城下，南康（江西星子）上猶，道州黃富，賀州（廣西賀縣）太平、川石場，潮州（廣東潮安）黃岡，循州（廣東惠陽）大任。

（七）水銀：州四：秦、階（河北武都）、商、鳳州。

（八）朱砂：州二：商、宜州（廣西宜山）；軍一：富順軍（四川富順）。

除上述諸坑冶場務外，宋代又有礬場務，亦與礦產有關。宋代礬分白、綠、黃三種，多用作染料。其中白礬產自晉、慈（山西吉梁）、坊州，無為軍（安徽無為），及汾州（山西汾陽）靈石縣；〔註206〕綠礬產自慈、隰（山西隰縣）州，及池州（安徽貴池）銅陵縣；〔註207〕黃礬則產自韶州岑水場，信州鉛山場。〔註208〕該等產礬州軍，除晉州於仁宗慶曆二年，置煉礬務，專司煎煉出鬻，〔註209〕鉛山礬場為官營外，〔註210〕餘則多由民間自煮，由官置場買納，禁止私販。

## 二、鑄錢監

鑄錢監者，猶今中央印製廠也，專司鑄造錢幣，故必經官府直營，嚴禁民間私鑄。宋置鑄錢監，始自太祖開寶八年（975），乃因南唐鄱陽（江西鄱陽）舊監而立。〔註211〕其後太平興國二年，太宗詔：「凡山川出銅者，悉禁民採，並以給官鑄。」〔註212〕江、淮、荊、浙、閩、廣等路，始亦紛紛置監。宋代鑄錢

〔註206〕《宋史》，卷一八五，「食貨志」下七，「礬」，頁 20 下。

〔註207〕同上。

〔註208〕《朝野雜記》，卷一四，「財賦」一，「礬」，頁 11 上～下。

〔註209〕歐陽修《歐陽文忠公文集》，卷一一五，〈河東奉使奏草〉卷上，〈論礬務利害狀〉，頁 890 下～893 上。（四部叢刊初編集部，元刊本，臺北：臺灣商務印書館，民國 54 年 8 月）

〔註210〕同註 208。

〔註211〕《文獻通考》，卷六二，〈職官考〉十六，頁 562 下。

〔註212〕《長編》，卷一八，「太宗太平興國二年二月壬辰朔」條。

監之統領機構頗多變革。蓋初時係由發運、轉運使副兼領；〔註213〕至仁宗景祐
二年（1035），始置「提點坑冶鑄錢官」，〔註214〕專責坑冶、鑄錢諸事。神宗熙
寧二年（1069），發運使副又兼提點九路銀銅錫坑冶市舶事。〔註215〕惟至元豐二
年（1079），則鑄錢分置二司：一在饒州，領江東、淮浙、福建；一在虔州，領
江西、荊湖、二廣。〔註216〕哲宗元祐元年，二司合而為一。〔註217〕此後至徽宗
政和七年（1117），始又再分司，並分置提點鑄錢官於饒、虔二州。〔註218〕南宋
時之鑄錢司更廢置無常。先是，高宗紹興二十六年（1156），諸路鑄錢司罷；〔註
219〕翌年（1157），置提領諸路鑄錢所於行在；〔註220〕二十九年（1159），復置
江、淮、荊、浙、福建、廣南六路提點坑冶鑄錢公事，於饒、贛（即虔州）二
州置司。〔註221〕孝宗乾道六年（1170），提點坑冶鑄錢公事併歸發運司；〔註222〕
翌年復置；〔註223〕並旋於八年，饒、贛二司各置提點官一員；〔註224〕淳熙三年
（1176），贛司併歸饒司；〔註225〕此後以迄宋末，則未聞再變。

---

〔註213〕同上。發運司、轉運司沿革請參見朱重聖《北宋茶之生產、管理與運銷》，頁
　　　　265～266。
〔註214〕陳均《皇朝編年綱目備要》，卷一○，頁 8 上。（靜嘉堂叢書本，臺北：成文
　　　　出版社，民國 55 年 4 月）
〔註215〕黃以周《續資治通鑑長編拾補》，（以下簡稱《長編拾補》）卷五，「神宗熙寧
　　　　二年九月壬午」條。（《長編拾補》附見於世界書局本《續資治通鑑長編》中）
〔註216〕同上。
〔註217〕同上。
〔註218〕同註211。
〔註219〕《宋史》，卷三一，〈高宗本紀〉八，頁 11 上。
〔註220〕同註211。
〔註221〕同註211。
〔註222〕《宋史》，卷一八○，〈食貨志〉下二，「錢幣」，頁 23 下。
〔註223〕同前書，卷三四，〈孝宗本紀〉二，頁 12 下。
〔註224〕同註211。
〔註225〕同註211。

宋代鑄錢監因鑄幣原料不同，分成銅、鐵兩類，其興廢亦不一。大抵言之，真宗天禧五年，銅錢監四：饒州永平，池州永豐，江州（江西九江）廣寧，建州豐國；鐵錢監三：邛州（四川邛崍）惠民，嘉州（四川樂山）豐遠，興州（陝西略陽）濟眾。〔註226〕神宗元豐時，銅錢監十四：西京阜財，衛州（河南汲縣）黎陽，絳州（陝西新絳）垣曲，舒州（安徽懷寧）同安，睦州（浙江建德）神泉，興國軍富民，衡州（湖南長沙）熙寧，鄂州寶泉，江州廣寧，池州永豐，饒州永平，建州豐國，韶州永通，惠州（廣東惠陽）阜民，另永興軍（即京兆府，陝西長安）、華州（陝西鄭縣）、陝州等亦有；〔註227〕鐵錢監：虢州在城、朱陽，商州阜民、洛南，通遠軍（甘肅隴西）威遠鎮，岷州（甘肅西和）滔山鎮，及嘉州、邛州、興州等。〔註228〕至於南宋，因江北錢監盡失，餘者又置廢無常，其範圍大致不出北宋。茲再就宋代鑄錢監分布地點，作表（表一）以明之：

## 表一：宋代各路府州軍鑄錢監統計表

| 路分 | 府州軍 | 縣分 | 監 | 徵引 | 備考 | 路分 | 府州軍 | 縣分 | 監 | 徵引 | 備考 |
|---|---|---|---|---|---|---|---|---|---|---|---|
| 京東西路 | 徐州 | | 寶豐 | 《宋史》卷八五，地理志一。 | ○ | 江南東路 | 池州 | | 永豐 | 《宋史》卷八八，地理志四。 | ○ |
| 京西北路 | 河南府 | 河清 | 阜財 | 《宋史》卷八五，地理志一。 | ○ ◎ | | 饒州 | | 永平 | 《宋史》卷八八，地理志四。 | ○ |
| 河北西路 | 衛州 | | 黎陽 | 《宋史》卷八六，地理志二。 | ○ | | 江州 | | 廣寧 | 《宋史》卷八八，地理志四。 | ○ |
| 河東路 | 絳州 | | 垣曲 | 《文獻通考》卷九。 | | 江南西路 | 撫州 | | 裕國 | 《宋史》三四。 | ◎ |
| 永興軍路 | 京兆府 | | | 《宋史》卷八七，地理志三。 | ○ ◎ | | 興國軍 | | 富民 | 《宋史》卷八八，地理志四。 | ○ |
| | 河中府 | 龍門 | | 《長編》卷四○三。 | | | 臨江軍 | | 豐餘 | 《宋史》三四。 | ◎ |

〔註226〕《長編》，卷九七，「真宗天禧五年」條。
〔註227〕《文獻通考》，卷九，〈錢幣考〉二，歷代錢幣之制「諸州鑄錢」，頁95下～96上。
〔註228〕同上。

| 路 | 州 | 縣 | 監名 | 出處 | 記號 |
|---|---|---|---|---|---|
| | 陝州 | | | 《宋史》卷八七，地理志三。 | ○◎ |
| | 同州 | 韓城 | | 《宋史》卷八七，地理志三。 | |
| | 商州 | | 阜民 | 《文獻通考》卷九。 | ◎ |
| | 商州 | | 洛南 | 《文獻通考》卷九。 | ◎ |
| | 虢州 | | 在城 | 《文獻通考》卷九。 | ◎ |
| | 虢州 | | 朱陽 | 《文獻通考》卷九。 | ◎ |
| | 華州 | | | 《宋史》卷八七，地理志三。 | ○◎ |
| | 邠州 | 淳化 | | 《宋史》卷八七，地理志三。 | |
| 秦鳳路 | 鳳翔府 | | 斜谷 | 《長編》卷二五四。 | |
| | 渭州 | | 華亭 | 《長編》卷二五八。 | ◎ |
| | 渭州 | | 博濟 | 《文獻通考》卷五。 | |
| | 岷州 | | 滔山 | 《宋史》卷八七，地理志三。 | ◎ |
| | 通遠軍 | | 威遠鎮 | 《文獻通考》卷九。 | |
| 兩浙路 | 建德府 | | 神泉 | 《宋史》卷八八，地理志四。 | ○ |
| 淮南西路 | 蘄州 | | 蘄春 | 《宋史》卷三四。 | ◎ |

| 路 | 州 | 縣 | 監名 | 出處 | 記號 |
|---|---|---|---|---|---|
| 荊湖北路 | 鄂州 | | 寶泉 | 《宋史》卷八八，地理志四。 | ○ |
| 荊湖南路 | 衡州 | 衡陽 | 熙寧 | 《宋史》卷八八，地理志四。 | ○ |
| | 衡州 | | 咸寧 | 宋會要·食貨一之二～三。 | |
| 福建路 | 建寧府 | | 豐國 | 《宋史》卷八九，地理志五。 | ○ |
| 成都府路 | 嘉定府 | | 豐遠 | 《宋史》卷八九，地理志五。 | ◎ |
| | 邛州 | | 惠民 | 《宋史》卷八九，地理志五。 | ◎ |
| 利州路 | 沔州 | | 濟眾 | 《宋史》卷八九，地理志五。 | ◎ |
| | 興元府 | | 齊遠 | 《長編》卷一五八。 | |
| | 利州 | | 紹興 | 《要錄》卷一六九。 | ◎ |
| 夔州路 | 施州 | | 廣積 | 《宋史》卷八九，地理志五。 | ◎ |
| | 萬州 | | 廣濟 | 《玉海》卷一八〇。 | |
| | 南平軍 | | 廣惠 | 《要錄》卷一六九。 | ◎ |
| 廣南東路 | 韶州 | 曲州 | 永通 | 《宋史》卷九〇，地理志六。 | ○ |
| | 韶州 | | 永興 | 《太平治蹟統類》卷二九。 | ◎ |
| | 惠州 | 歸善 | 阜民 | 《宋史》卷九〇，地理志六。 | ○ |

| 安慶府 | | 同安 | 《宋史》卷八八，地理志四。 | ○ | 廣南西路 | 梧州 | 元豐 | 《宋會要》食貨一一之二～三。 |
|---|---|---|---|---|---|---|---|---|
| 黃州 | | 齊安 | 《宋史》卷三四。 | | | 邕州 | 通寶 | 《玉海》卷一八○。 |
| | | | | | | 融州 | 寶新 | 《玉海》卷一八○。 |
| 說明 | 一、本表依《宋史・地理志》諸路府州軍先後爲序。<br>二、本表徵引，以《長編》、《要錄》、《宋會要》、《文獻通考》、《玉海》、《宋史》、《太平治蹟統類》等書爲主，其餘暫從略。<br>三、備考欄中，「○」表銅錢監，「◎」表鐵錢監，空白者則不詳，待考。 | | | | | | | |

　　據上表可知宋代鑄錢監：（一）若就其行政區畫言，遍及南北十八路：京東西、京西北、河北西、河東、永興軍、秦鳳、兩浙、淮南西、江南東、江南西、荊湖北、荊湖南、福建、成都府、利州、夔州、廣南東、廣南西路。其中以永興軍路十三處爲最多；其次則依序爲秦鳳路五處，江南西路四處，淮南西、利州、夔州、廣南東、廣南西路各三處，京西北、江南東、荊湖南、成都府路各二處，餘皆各僅一處。至於路分下之府州軍，則共有府九：河南、京兆、河中（山西永濟）、鳳翔、建德（即睦州）、安慶（即舒州）、建寧（即建州）、嘉定（即嘉州）、興元府；州二十九：徐、衢、絳、陝、同、商、虢、華、邠（陝西邠縣）、渭（甘肅平涼）、岷、蘄、黃、池、饒、江、撫、鄂、衡、邛、沔（即興州）、利（四川廣元）、施（湖北恩施）、萬（四川萬縣）、韶、惠、梧（廣西蒼梧）、邕（廣西邕寧）、融州（廣西融縣）；軍四：通遠、興國、臨江（江西清江）、南平軍（四川南川）。（二）若就其地域言，則黃河流域凡二十三處：京東路一、京西北路二、河北西路一、河東路一、永興軍路十三、秦鳳路五；長江流域及其以南凡二十處：兩浙路一、淮南西路三、江南東路二、江南西路四、荊湖北路一、荊湖南路二、福建路一、廣南東路三、廣南西路三；四川地區凡八處：成都府路二、利、夔州路各三。其中黃河流域約占半數，然於南宋時，悉數淪入金境。（三）若就其類別言：則總數凡五十有一，其中銅錢監十八：河南府阜財，徐州寶豐，衢州黎陽，絳州垣曲，京兆府，陝州，華州，建德府神泉，安慶府同安，池州永豐，饒州永平，江州廣寧，興國軍富民，鄂州寶泉，衡州熙寧，建寧府豐國，韶州永通，惠州阜民；鐵錢監二十二：河南府河清縣，京兆府，陝州，商州阜民、洛南，虢州在城、朱陽，華州，渭州華亭，岷州滔山，通遠軍威遠鎮，蘄州蘄春，黃州齊安，撫州裕國，臨江軍豐餘，嘉定府豐

－33－

遠，邛州惠民，沔州濟眾，利州紹興，施州廣積，南平軍廣惠，韶州永興；不
詳者十一：河中府龍門縣，同州韓城縣，邠州淳化縣，鳳翔府斜谷，渭州博濟，
衡州咸寧，興元府齊遠，萬州廣濟，梧州元豐，邕州通寶，融州寶新。

　　鑄錢監之造作規模及分工，考諸史籍，以陸耀遹《金石續編》、張世南《游
宦紀聞》載之最詳。《金石續編》嘗錄〈韶州新置永通監記〉云：

>　　……模沙、冶金，分作有八；刀錯、水瑩，離局為二；並立門鑰，
> 互有提防。當其中局，控以廳事，誰何警察，目無逃形。其鉛錯之
> 備用，薪炭之兼蓄，別藏異室，布于兩序，出內謹密。前為大閱，
> 冶官列署于閱之南，群工屯營于垣之外。……董舊巧，募新習，勗
> 息勵勤，授以程準。……〔註229〕

按：永通監鑄銅錢，由其模沙、冶金分為八作，刀錯、水瑩別局為二，可知
分工精細，各有專司。且關防甚嚴，諸作室間，皆有鎖鑰，以中局掌控廳事。
其物料則分類貯藏，凡鉛、錯（鐵）、薪、炭，有所出納，手續皆嚴，以防舞
弊。其官吏、工徒，各有營署，工作之時，則獎懲有制，造作有程。

　　《游宦紀聞》所載者，為蘄春鐵錢監，有云：

>　　蘄春鐵錢監，五月至七月，號為鐵凍。……其用工之序有三：日沙
> 模作，次日磨錢作，末日排整作。以一監約之，日役三百人，十日
> 可鑄一萬緡；一歲用工九月，可得二十七萬緡。〔註230〕

則據此可知，鑄鐵錢過程至少有三：沙模、磨錢與排整。於每日役三百人，
每歲用工九月中，十日可得一萬緡，年可得二十七萬緡。以八月始工，四月
收工；五至七月，則號鐵凍歇工。

# 三、作院與都作院

　　作院與都作院者，猶今兵工廠也，專司各式兵械之製造。宋初，京師
有作坊，諸州有作院，皆造戎器，各有歲課。〔註231〕仁宗慶曆年間（1041
～1048），則鄜延、環慶、涇原、秦鳳四路，〔註232〕及河北磁、相二州嘗設

---

〔註229〕陸耀遹《金石續編》，卷一四，頁 45 上～48 上。（石刻史料叢書甲編之八，
　　　　原刻影本，臺北：藝文印書館，民國 55 年）
〔註230〕張世南《游宦紀聞》卷二，頁 3 下。（筆記小說大觀續編第三冊，文明刊歷代
　　　　善本，臺北：新興書局，民國 62 年 7 月）
〔註231〕《長編》，卷一七，「太祖開寶九年三月己巳」條。
〔註232〕《宋史》，卷一九七，〈兵志〉十一，「器甲之制」，頁 3 上～下。

都作院。〔註233〕其後神宗熙寧六年，軍器監置，諸產材州軍乃皆設都作院，並以良匠為師，教習成法。實乃宋代戎政一大改革矣。〔註234〕

作院與都作院之統隸關係，可以熙寧六年畫一界線。熙寧六年前，作院多由諸路轉運使統籌，其下則由提刑、知州、通判、都監、監官等，分負點檢督課之責；熙寧六年後，則都作院直隸軍器監，〔註235〕其下各設指揮，由監官提舉點檢之；〔註236〕至於南宋，則軍器監併歸工部，都作院併入御前軍器所。〔註237〕

作院與都作院之造作情形，亦可以熙寧六年畫一界線。熙寧六年前，作院雖造戎器，卻弊端叢生。如歐陽修即曾於仁宗慶曆二年、四年（1044）先後上書云：

> 諸路州軍分造器械，工作之際，已勞民力，輦運般送，又苦道塗，然而鐵刃不剛，筋膠不固，長短大小，多不中度。造作之所，但務充數而速了，不計所用之不堪；經歷官司，又無檢責。此有器械之虛名，而無器械之實用也。〔註238〕

> 見今諸州軍弓弩，造作之時，既皆草草造成，不久尋復損壞，又須從頭修換：一番修換未了，一番已卻損壞，即目諸州，並不暇打造新弓弩，只是終年修換舊者，積壓無由了絕。有打造成後，不曾經使，已修三、五次者。修換既頻，轉不堪用，虛費人功、物料，久遠悞事不細。其弊如此，蓋由散在諸州打造工匠及監官皆不齊一，本司（河北都轉運司）亦難為點檢故也。〔註239〕

指出工匠、監官，既不齊一，經歷官司，又無檢責，草草速了，旋造旋壞，修不勝修，於是打造有名無實，徒耗人工，虛費物料。有鑑於此，歐陽修因

〔註233〕磁、相二州之置都作院，乃因歐陽修所建議。見《歐陽文忠公文集》，卷一一七，〈奏議〉，〈河北奉使奏草〉卷上，〈乞置弓弩都作院〉，頁924上～下；卷一一八，〈奏議〉，〈河北奉使奏草〉卷下，〈乞條制都作院〉，頁933下～934下。

〔註234〕按：熙豐新法，元祐後多行見黜，惟此法未嘗輕廢，蓋因行之有效故也。

〔註235〕《宋史》，卷一六五，〈職官志〉五，「軍器監」，頁23下。

〔註236〕《玉海》，卷一五一，〈兵制門〉，雜兵器，「開寶弓弩院」，頁42下～44上。

〔註237〕《宋史》，卷一六五，〈職官志〉五，「軍器監」，頁24上。

〔註238〕《歐陽文忠公文集》，卷四六，〈準詔言事上書〉，頁334上～339下。

〔註239〕同前書，卷一一七，〈奏議〉，〈河北奉使奏草〉卷上，〈乞置弓弩都作院〉，頁924上～下。

建議置都作院，以畫一權責，並立檢責、獎懲之制。〔註240〕

熙寧六年後之都作院，據史料統計，凡四十一處。〔註241〕其編制則凡工匠三百人以上者，設正副指揮使各一人，都頭五人，十將、將虞候、承局、押官各五人；二百人以上者，置都頭一人，副都頭三人，十將以下各三人；一百人以上者，置都頭、副都頭各一人，十將以下各二人；不滿一百人者，置副都頭、十將、將虞候、承局、押官各一人。〔註242〕

作院或都作院之造作規模與分工，北宋史料多不詳，南宋則可於三山（福建福州）、四明（即慶元府，原稱明州）、建康三處方志中，約略見出。其中三山作院，孝宗淳熙年間（1174～1189），領將校四人，將級二十四人，糧典一人，兵匠一百六十五人，分箭、弓弩、甲、皮、銅、漆、旗、條、木、磨鋥、鐵等十一作；〔註243〕四明作院，理宗開慶年間（1259），分大爐、小爐、穿聯、磨鋥、磨擦結裹、頭魁、熟皮、頭魁衣子、弓弩、箭、漆、木弩樁、木槍等十三作；〔註244〕建康都作院，理宗景定二年（1262），分鍛礪、刮磨、綿絡、弦甲、筋革、鎔冶、麻縷、竹木、骨角、設色等十作，凡二十八工。〔註245〕該三處作院或都作院，分工雖不同，造作卻大致相同。則由是類推其他州軍作院或都作院，應大致不脫此一模式。

## 四、造船場務

宋代除中央曾有造船務外，地方亦每隨需要而多設置，並由發運司、轉運司等單位措置之。茲先試引相關史料，作一地方造船場務設置統計表（表二），俾再分析：

---

〔註240〕同前書，卷一一八，〈奏議〉，〈河北奉使奏草〉卷下，〈乞置弓弩都作院〉，頁933下～934下。

〔註241〕梁克家《淳熙三山志》，卷一八，〈兵防類〉一，「都作院指揮」，頁18下～21上。（四庫全書珍本六集，史部十一，地理類三，文淵閣本，臺北：臺灣商務印書館，民國65年）

〔註242〕同前書，同卷，「熙寧九年樞密院箚子」。

〔註243〕同上。

〔註244〕梅應發《開慶四明續志》，卷六，「作院」，頁11上～14下。（宋元地方志叢書第八冊，清咸豐四年刊本，臺北：中國地志研究會，民國67年8月）

〔註245〕周應合《景定建康志》，卷三九，〈武衛志〉二，〈軍器〉，〈都作院記〉，頁17上～18上。（四庫全書珍本九集，史部十一，地理類三，文淵閣本，臺北：臺灣商務印書館，民國67年）

## 表二：宋代地方造船場務設置統計表

| 帝號 | 年代 | | | 措置機構 | 設置地點 | 事由 | 徵引 | 備考 |
|---|---|---|---|---|---|---|---|---|
| | 年 | 月 | 日 | | | | | |
| 太祖 | 開寶二年（969） | 四月 | 壬戌 | | 汾河 | 幸汾河，觀造船。 | 《宋史》卷二，太祖本紀二。 | 位於太原城南。按：是年二月，太祖伐北漢。 |
| | 五年（972） | 閏二月 | 庚戌 | | 海門 | 令海門造船，通交州道。 | 《長編》卷一三。 | |
| | 八年（975） | | | | 湖南 | 方議南征，命石全振往湖南造黃黑龍船。 | 《宋史》卷二七六。 | |
| 太宗 | 雍熙四年（987） | 四月 | 癸巳 | | 陽平 | 右班殿直張平監市木，秦隴建都木務，京師期歲良材山積。以功，遷供奉官，監陽平都木務兼造船場。 | 《長編》卷二八。 | |
| 眞宗 | 大中祥符元年（1008） | 三月 | 乙酉 | | 吉州 | 以內品監吉州造船場馮保奏，重造京師諸池備習水戰之龍船。詔勿使改造。 | 《長編》卷六八。 | |
| | 天禧元年（1017） | 十月 | 丙寅 | 發運司 | 洪、虔、吉州 | 以發運司言：「洪、虔、吉州歲造新船赴京，牽送擾民。望令逐州以官健給假。」詔可。 | 《長編》卷九〇。 | |
| 仁宗 | 天聖元年（1023） | 九月 | 癸未 | | 鳳翔府 | 減鳳翔府歲造船，以市木擾民也。 | 《長編》卷一〇一。 | |
| | 景祐四年（1036） | 八月 | 戊戌 | | 相州天雄軍 | 徙相州造船務於天雄軍。 | 《長編》卷一二〇。 | |
| | 慶曆二年（1042） | 二月 | 丁酉 | 安撫司 | 京東西路 | 河北安撫司請下緣河州軍，密造戰船。詔京東西路瀕河諸州造五百隻赴河北。 | 《長編》卷一三五。《宋會要》食貨五〇之三。 | |
| 神宗 | 熙寧五年（1072） | 十月 | 壬辰 | | 鎮洮軍 | 詔鎮洮軍造船，置水手及壯城兵，共以五百人爲額。 | 《長編》卷二三九。 | |

| | | | | | | | |
|---|---|---|---|---|---|---|---|
| 神 | 元豐三年（1080） | 四月 | 甲寅 | 轉運司 | 衡州茶稜縣潭州 | 以衡州茶稜縣，歲以稅米折納船材，運至潭州造船，公私靡費，詔自今以所輸船材，即本縣造船二百艘，轉運司出錢佐其費。 | 《長編》卷三〇三。《宋會要》食貨五〇之四。 |
| | | 六月 | 己未 | | 眞、楚、泗州 | 詔眞、楚、泗州各造淺底船百艘，團爲十綱，入汴行運。 | 《長編》卷三〇五。《宋會要》食貨五〇之四。 |
| 宗 | 六年（1083） | 九月 | 戊申 | 提舉輦運司 | 三門白波 | 三門白波提舉輦運司，乞借本司所轄阜財監上供錢萬緡，遣官於鄰州市木，於本司造船場造六百料運船，下陝西轉運使，依數撥還。從之。 | 《長編》卷三三九。 |
| 哲宗 | 元祐五年（1090） | 正月 | 庚午 | | 溫州明州淮南路兩浙路 | 詔溫州、明州歲造船，以六百隻爲額。淮南、兩浙各三百隻。從戶部裁省浮費之請也。 | 《長編》卷四三七。《宋會要》食貨五〇之四。 |
| 徽 | 大觀三年（1109） | 五月 | 十二日 | 發運司 | 江湖路 | 以江湖路責限打造糧船二千七百餘隻，合用欜梢八千餘人。呂源乞從本（發運）司委官，於轄下州軍根刷閑慢、窠坐廂軍，抽差充欜梢。詔依。 | 《宋會要》職官四二之三三。 |
| | 政和四年（1114） | 八月 | 十九日 | 轉運司 | 溫州明州 | 以兩浙路轉運司奏，明州合打額船，並就溫州每年合打六百隻。 | 《宋會要》食貨五〇之六。 |
| 宗 | | 九月 | 十四日 | 轉運司 | 兩浙路江南東、西路荆湖南、北路 | 詔令兩浙轉運司，各打造三百料（平底船）三百隻，江南東、西、荆湖南、北路轉運司，各打造五百料三百隻，合用人兵、家事等，亦仰計置應副。 | 《宋會要》食貨五〇之六。 |

| | | | | | | | | |
|---|---|---|---|---|---|---|---|---|
| 徽宗 | | 十二月 | 十二日 | 發運司 | 眞、楚、泗州 | 發運副使李偓言：「近承尚書省劄子節文，開修濟河畢工，下發運司打造舟船，勘會所打舟船一千三百隻，……，緣眞、楚、泗州，先打廣濟河船，……。」 | 《宋會要》食貨五〇之六。 | |
| | 宣和元年（1119） | 五月 | 二十一日 | | | 詔訪聞諸路造船州軍，未造數目至多，兼近來打造多不如法，易損壞。仰施下數目，用堪好著色材木，如法打造。 | 《宋會要》食貨五〇之七。 | |
| | 七年（1125） | 七月 | 九日 | | 明州 | 以明州造船場與作院所用物料，科敷於民，不還價錢。詔廉訪使者常加覺察以聞。 | 《宋會要》食貨五〇之七。 | |
| 高宗 | 建炎二年（1128） | 五月 | 十二日 | 發運司 | 虔、吉、衡、潭州，及沿流諸州 | 以江淮發運副使呂源請，下虔、吉、衡、潭四郡，及沿流諸州，造綱船二千艘。 | 《要錄》卷一五。《宋會要》職官四二之五三～五四。 | 《宋會要》作呂「淙」，疑誤。 |
| | | 六月 | 五日 | 發運司 | 江湖四路 | 呂源請於江湖四路打造糧船，並差強幹監官催督，及差委使臣隨行點勘工料。 | 《要錄》卷一六。《宋會要》職官四二之五四。 | |
| | | | 十六日 | 司農寺、轉運司 | | 以司農少卿史徽言，諸路轉運司歲起上供糧斛合用舟船，逐路各有船場認打船額，乞移文漕司督責。 | 《宋會要》食貨五〇之一〇。 | |
| | | 八月 | 九日 | 發運司 | 江湖四路 | 發運副使呂源乞：措置江湖四路打造糧船二千七百餘隻，責限來年六月了畢。 | 《宋會要》食貨五〇之一〇。 | |
| | | 十二月 | 十三日 | 發運司 | | 呂源乞嚴降指揮，應諸路運司七百料暖船並發赴行在。非舊 | 《宋會要》食貨五〇之一 | |

| | | | | | | |
|---|---|---|---|---|---|---|
| | | | | | 有場處，不許製造暖船，止許造五百料以下，不得過爲添飾；其長不過十丈，及依舊制立定年額。 | 〇～一一。 |
| | 三年（1129） | 四月 | 十二日 | 尚書省 | 平江府 | 尚書省乞平江府造船場速行打造四百料八櫓戰船、四櫓海鶻船，並差官管押，赴江寧交割。 | 《宋會要》食貨五〇之一一。 |
| 高　　　　　宗 | 紹興元年（1131） | 正月 | 十八日 | 權發遣兩浙轉運司 | 溫州 | 以權發遣兩浙轉運副使公事徐康國言，溫州造船場打造直達綱船不魯，枉費請給。請留監官一員，兵級百人，在場應副打造，餘者並行裁減。 | 《宋會要》食貨五〇之一一。 |
| | | 六月 | 十六日 | 發運司 | 兩浙路 | 發運副使宋輝乞將兩浙州府抽稅竹木內，權行通撥五分，俾打造鐵頭船，搬運行在軍儲。 | 《宋會要》職官四二之五四。 |
| | | 十月 | 一日 | 轉運司 | 兩浙路 | 詔兩浙轉運司，將已分下州縣打造座船，改造浙東行運舫子七十七隻，所有綱船仍打造二百五十料船三十五隻。 | 《宋會要》食貨五〇之一二。 |
| | 三年（1133） | 十二月 | 一日 | 安撫司 | 江南東、西路荆湖南、北路 | 詔江南東西、荆湖南北路帥司，依鼎州畫到大軍船樣打造。 | 《宋會要》食貨五〇之一五。 |
| | | | 二十七日 | 安撫制置司 | 吉州 | 以江南西路安撫制置大使奏，詔吉州權貨務支降見錢二萬貫，依數打造錢糧船、戰船，戰船關送樞密院。 | 《宋會要》食貨五〇之一五。 |
| | 四年（1134） | 五月 | 十日 | 轉運司 | 兩浙東、西路江東路江西路 | 以兩浙轉運副使奏，令兩浙東西、江東、江西路打造戰船，並令逐處漕司分覓造車船州軍打造。 | 《宋會要》食貨五〇之一六～一七。 |

| | | | | | | | |
|---|---|---|---|---|---|---|---|
| | | 七月 | 丙寅 | 安撫司 | 江東路 | 詔江東安撫司，許詔（招）水軍千五百人，賜錢三萬緡，為造舟之費。 | 《要錄》卷七八。 | |
| 高 | 五年（1135） | 閏二月 | 辛未 | 轉運司 | 江東路浙西路浙東路 | 詔江東、浙西路各造九車戰船十二艘，浙東造十三車戰船八艘。時王自荊湖得二巨艦以歸，故命三路漕司倣其制為之。 | 《要錄》卷八六 | 《皇宋中興兩朝聖政》作「閏二月丙寅」，疑誤。 |
| | | 五月 | 癸未 | | 江浙四路 | 詔江浙四路共造五車十槳小船五十。 | 《要錄》卷八九。《皇宋中興兩朝聖政》卷一八。 | |
| | 六年（1136） | 十一月 | 十八日 | 安撫制置司 | 瀘、敘、嘉、黔等州 | 以四川安撫制置大使席益言，請於瀘、敘、嘉、黔等州打造運船。 | 《宋會要》食貨四四之一。《要錄》卷一〇六。 | |
| | 二十八年（1158） | 七月 | 二日 | 安撫司轉運司 | 福建路 | 從福建路安撫、轉運兩司乞，計置打造出戰魝魚船及尖底海船。 | 《宋會要》食貨五〇之一八。 | |
| 宗 | 三十二年（1162） | 閏二月 | 十九日 | 安撫司水軍統制、統領 | 建康府松江州郡 | 以判建康府江南東路安撫使乞，松江州郡亦依建康府例，打造舟船。並專委守臣與水軍統制、統領，諳曉造船之人，同共措置。 | 《宋會要》食貨五〇之一九。 | |
| | | 七月 | 二十七日 | 宣撫司 | 鎮江府 | 以江淮東西路宣撫使言，鎮江府守臣趙公稱勤於職守，措置打造官船，水軍副統制李琦監督有勞；詔分別減磨勘三、二年。 | 《宋會要》食貨五〇之二〇。 | 按：孝宗已即位，未改元。 |
| 孝宗 | 乾道元年（1165） | 八月 | 二十五日 | 轉運司 | 贛州吉州隆興府 | 以江西運判朱商卿、史正志言，贛、吉州船場歲管造船五百艘，贛州造船多阻於灘磧，移就隆興府置場打造。 | 《宋會要》食貨五〇之二〇～二一。 | |

| | | | | | | | |
|---|---|---|---|---|---|---|---|
| 四年<br>(1168) | 三月 | 十日 | | 建康府 | 從史正志言，買良材於所產州軍，就建康置場增造一車十二槳四百料戰船。 | 《景定建康志》卷一四。 | |
| 五年<br>(1169) | 十月 | 六日 | 殿前司 | | 詔水軍統制官馮湛，措置打造多槳船五十隻。 | 《宋會要》食貨五〇之二二～二三。 | 以前主管殿前司公事王違言，故也。 |
| 八年<br>(1172) | 四月 | 十三日 | 轉運司 | 兩浙路 | 詔兩浙轉運司，自造舟船三十隻，不得科擾諸州。 | 《宋會要》食貨五〇之二五。 | |
| 淳熙元年<br>(1174) | 二月 | 十二日 | 轉運司 | 兩浙路秀州 | 以中書門下省言，詔兩浙轉運司，裁減造船場，秀州造船錢物，并逐處工匠，並不得侵移私役。 | 《宋會要》食貨五〇之二七。 | |
| 二年<br>(1175) | 六月 | 十一日 | 轉運司 | 潭州 | 詔併潭州兩造船場爲一場。 | 《宋會要》食貨五〇之二七。 | 從湖南運判李椿請也。 |
| | 閏九月 | 二十一日 | | 廣南東路福建路 | 詔罷廣東、福建造船。 | 《宋會要》食貨五〇之二七。 | |
| 六年<br>(1179) | 五月 | 七日 | | 江南西路 | 詔侍衛馬軍都虞候馬定遠，於江西州軍出產材植順流去處，委官造馬船一百隻。 | 《宋會要》食貨五〇之二八。 | |
| 十年<br>(1183) | 正月 | 二十八日 | 制置司、水軍 | | 詔沿海制置司，與水軍同共任責，修整海船。 | 《宋會要》食貨五〇之二八～二九。 | |
| | 六月 | 十二日 | 轉運司 | 兩浙路荊湖南路、江南西路 | 詔兩浙、湖南、江西三路轉運司，相度逐州造運糧船每年合用實數。 | 《宋會要》食貨五〇之二九。 | 以工部郎李圖上言，故也。 |
| | | 十三日 | 知州 | 泉州漳州興化軍 | 以知福州趙汝愚言，於泉州、漳州、興化軍打造戰船。 | 《宋會要》食貨五〇之二九。 | |

| | | | | | | | |
|---|---|---|---|---|---|---|---|
| 寧宗 | 慶元二年（1196） | 三月 | 二十五日 | 轉運司、都統制司 | 臨安紹興鎮江 | 從兩浙漕臣王漑言，臨安之浙江、龍山，紹興之西興、漁浦四處渡舟船，倣鎮江都統制司所造揚子江見用渡船樣打造，以便往來。 | 《宋會要》食貨五○之三二。 |
| | 嘉定十五年（1222） | 十二月 | 十六日 | 都統制司 | 鄂州 | 詔鄂州都統制司打造濟渡船隻，使用務要如法，併工造辦，不得苟簡滅裂。 | 《宋會要》食貨五○之三四～三五。 |
| 理宗 | 寶祐四年（1256） | | | | 江南西路、鎮江府、太平州、池州 | 差將往江西造戰船。撥錢十萬貫往鎮江府造戰船。又撥錢二十萬貫助太平州、池州添造戰船。 | 《景定建康志》卷一四。 |
| 說明 | 一、本表依年代爲序排列，其相關事跡則載諸備考欄內。<br>二、本表主要徵引有六：《長編》、《要錄》、《宋會要》、《皇宋中興兩朝聖政》、《宋史》、《景定建康志》。其餘暫從略。 | | | | | | |

　　綜觀上表，可知宋代地方造船場務，（一）若就其措置機構言，北宋以發運、轉運二司爲主，以措置糧船、綱船事，俾轉般糧秣赴京。南宋則除發運、轉運司外，又有安撫司與水軍，專措置戰船事，以對抗金人南侵。（二）若就其分布路分言，則北宋除汾河（山西太原南）、陽平（陝西寶雞東）、鳳翔府、相州、天雄軍（河北大名）、鎮洮軍（甘肅狄道）、三門（河南陝縣東北）七處臨近黃河地區外，其餘如海門（廣西博白）、吉州、洪州（江西南昌）、虔州、衡州、潭州、眞州（江蘇儀徵）、楚州（江蘇淮安）、泗州（安徽盱眙東北）、溫州（浙江永嘉），及明州（浙江鄞縣）等，皆大抵不出兩浙，江南東西，荊湖南北，淮南東西路分。至於南宋，則除上述江南諸路分外，福建、廣東與四川路分亦兼有之。（三）若就其設置地點言，則明指設造船場務者，有陽平、吉州、相州、天雄軍、三門、明州、平江府（江蘇吳縣）、溫州、贛州、隆興府（江西南昌）、建康府、秀州（浙江嘉興）、潭州、鎮江府（江蘇鎮江）等十四處，且其中潭州置兩場務；至其餘地區，是否曾置造船場務，史料雖不明，卻均有打造船隻之事實。

## 五、織造場務

　　宋代地方官府織造場務，每因桑麻之利，織造纖麗之物，以應朝廷需用。

〔註246〕其設置地點，則深受氣候、土質、人口、勞動傳統等自然、人文條件所支配。〔註247〕茲試先作一地方官府織造場務統計表（表三），俾再分析：

## 表三：宋代地方官府織造場務統計表

| 區域 | 路分 | 府州 | 今地 | 場務名稱 | 徵引 | 備考 |
|---|---|---|---|---|---|---|
| 黃河中下游 | 京東東路 | 青州 | 山東益都 | 場院 | 《文獻通考》卷二○。《宋史》卷一七五。 | 主織錦綺、鹿胎、透背纖麗之物。 |
| | 京西北路 | 西京（河南府） | 河南洛陽 | 場院 | 《文獻通考》卷二○。《宋史》卷一七五。 | 主織錦綺、鹿胎、透背纖麗之物。 |
| | 河北東路 | 大名府 | 河北大名 | | 《文獻通考》卷二○。《宋史》卷一七五。 | 主織縐縠。 |
| | 河北西路 | 眞定府 | 河北正定 | 場院 | 《文獻通考》卷二○。《宋史》卷一七五。 | 主織錦綺、鹿胎、透背纖麗之物。 |
| 長江中下游 | 兩浙路 | 杭州 | 浙江杭州 | 織務 | 《宋會要》食貨六四之一八。《文獻通考》卷二○。 | 太宗至道元年二月置，歲市諸郡絲以給之。後罷。《宋會要》作「織室」。 |
| | | 潤州 | 江蘇鎮江 | 織羅務 | 《文獻通考》卷二○。《宋史》卷一七五。 | 徽宗政和三年（1113），升潤州爲鎮江府。 |
| | | 湖州 | 浙江吳興 | 織羅務 | 《宋會要》食貨六四之一七。《文獻通考》卷二○。《宋史》卷一七五。 | 太宗太平興國六年（981），廢務；工二十人送京師，女工五十悉縱之。 |
| | | 常州 | 江蘇武進 | 羅務 | 《宋會要》食貨六四之一八。 | |
| | 江南東路 | 江寧府 | 江蘇江寧 | 織羅務 | 《文獻通考》卷二○。《宋史》卷一七五。 | 高宗建炎三年，江寧府改稱建康府。 |
| | 荊湖南路 | 潭州 | 湖南長沙 | 綾錦務 | 《長編》卷三七六。《文獻通考》卷二○。 | 綾錦務廢於太宗淳化四年（993）。按：據《長編》載，哲宗元祐元年四月辛亥曾置局，製上供服物；旋罷。 |
| 四川 | 成都府路 | 成都府（原益州） | 四川成都 | 錦院（上供機院） | 《長編》卷三五四。《淨德集》卷四。 | 宋初即主織錦綺、鹿胎、透背纖麗之物。至神宗元豐六年（1083），呂大防 |

〔註246〕《宋史》，卷一七五，〈食貨志〉上三，「布帛」，頁 1 上～下。按：一般中、平羅、小綾之類，則由民間折科或和市入官，以應所需。
〔註247〕參見趙雅書〈宋代蠶絲業的地理分布〉，《史原》第九期，頁65～94，民國61年 9 月。

－44－

| | | | | | |
|---|---|---|---|---|---|
| | | | | 《蜀錦譜》。 | 知府，始置院；高宗建炎三年，都大茶馬司，另置錦院一所，專充折支馬價之用。<br>按：據《長編》載，元豐八年四月，曾詔錦院權住織十色緊絲、錦、緊絲、鹿胎一年。<br>又；呂陶《淨德集》錦院作「上供機院」。蓋該院機織錦帛，歲以上供故也。 |
| | 漢州 | | 四川廣漢 | 綾務 | 《淨德集》卷四。 | 造官綾。 |
| 潼川府路 | 梓州<br>（潼川府） | 四川三台 | 綾綺場 | 《文獻通考》卷二〇。<br>《宋史》卷一七五。 | 徽宗重和元年（1118），升梓州爲潼川府。 |
| 說明 | 一、本表依《宋史・地理志》諸路先後爲序。<br>二、本表徵引，以《長編》、《宋會要》、《淨德集》、《文獻通考》、《宋史》等書爲主，其餘暫從略；所有相關史料，則併見備考欄內。<br>三、表中「今地」欄，指該府、州治所之今日地名；以織造場務深受自然、人文條件所支配，故特誌之，以便參照。 |

　　由上表可知宋代地方官府織造場務，（一）若就其地域分布言，以黃河中下游、長江中下游，及四川地區爲主；其範圍大致不出今河北、河南、山東、湖南、江蘇、浙江、四川等省。（二）若就其行政區畫言，則約遍及九路、五府、八州。九路者，京東東、京西北、河北東、河北西、兩浙、江南東、荊湖南、成都府、潼川府路等；五府者，西京、大名、眞定、江寧、成都府等；八州者，青、杭、潤（鎮江府）、湖、常、潭、漢、梓州（潼川府）等。（三）若就其場務名稱言，則有名爲織務、織羅務、羅務、綾錦務、錦院、綾務、綾綺場者，有僅知設場院者，更有不知其名者；然要之，則均爲織造錦、綺、綾、羅等高級品。

　　南宋時，因秦嶺、淮河以北盡失，長江中下游與四川諸地織造場務，遂愈形重要。其有關史料，則以費著《蜀錦譜》所載四川成都府路錦院最詳，〔註248〕蓋由其中，不難考見宋時一般官府織造場務之分工、造作情形。按：四川「蜀錦」，一向著稱天下，其成都九璧村出者，則尤享盛名。宋初，蜀錦織造，多由知府兼管，歲以纖麗之物充貢。至神宗元豐六年（1083），呂大防知府，始置錦院於府治之東，並募軍匠五百人，置官以監蒞之。錦院規模，有樓宇以爲儲積待發之所，榜曰「錦官」；又有織室、吏舍、出納之府一百一十七間。造作時，則有織機一百五十四部，下分挽綜、用杼、練染、紡繹四作，日用

---

〔註248〕費著《蜀錦譜》，頁 1 上～4 下。（續百川學海第五冊，明刊本，臺北：新興書局，民國 59 年 11 月）

工三百三十九人。〔註249〕其錦凡依用途約爲四類，曰土貢錦、官告錦、臣僚襖子錦與廣西錦。南宋之初，爲折支黎州（四川漢源南）等處馬價，都大茶馬司嘗另置錦院一所，以專織錦綾被褥；其後且於應天、北禪、鹿苑三寺置場織造。惟至孝宗乾道四年，以三處散漫，私販大興，有傷馬政，錦院又合爲一，所隸工匠，則各以色額織造云。

## 六、酒　務

酒務乃宋代榷酤法下之釀酒場也。而榷酤法據《宋史・食貨志》云，〔註250〕可分官釀官賣與民釀民賣兩類。蓋前者由官府於各州縣城內置務，釀酒出賣；後者則許民於縣鎮鄉閭自釀出售，而征其歲課。則酒務者，於官釀官賣法中，逐處設置，兼具釀酒、課利雙重性質。

有宋酒務，多設監官數人，以負督課醞釀之責；〔註251〕其下則置酒匠、役人若干，專司釀造之責。此外，則有所謂清務兵士，司踏麴、蒸炊、雜役諸事。清務兵士之制，定制於徽宗政和四年（1114），亦即酒匠闕聽選試清務廂軍法矣！〔註252〕按：先是，杭州於眞宗乾興元年（1022），置清酒務指揮四百人；〔註253〕蘇州（即平江府）於仁宗明道二年（1033），置清酒務指揮三百五十人；〔註254〕眞州監酒務，亦有清務兵士。〔註255〕及是，既明定立法，諸酒務皆專置清務，酒務乃與兵士密不可分，成爲軍隊重要財源之一。

酒務之設置，特殊地區如緣邊州軍，可一處設至十務；〔註256〕而一般地區，據徽宗政和四年詔云：「酒務官二員者分兩務，三員者復增其一，員雖多，毋得過四務。」〔註257〕則最多可至四務。蓋此一制度，以迄南宋，仍多依之。

〔註249〕按：挽綜之工一百六十四，用杼之工五十四，練染之工十一，紡縛之工一百一十。
〔註250〕《宋史》，卷一八五，〈食貨志〉下七，「酒」，頁1上。
〔註251〕《宋會要》，食貨二〇之五。
〔註252〕《宋會要》，食貨二〇之一三；《宋史》，卷一八五，〈食貨志〉下七，「酒」，頁6下。
〔註253〕《長編》，卷九八，「眞宗乾興元年夏四月丙寅」條。
〔註254〕同前書，卷一一二，「仁宗明道二年二月己未」條。
〔註255〕按：《宋會要》，食貨二〇之一三云：「淮南路轉運司徐宏中言：『監酒務唯眞州有清務兵士，乞於其餘去處，亦各專置。』得旨從所請。」然杭州、蘇州實已先有清務兵士。
〔註256〕據《宋會要》，食貨二〇之一〇云，神宗元豐四年，曾詔增永興軍路乾祐縣十酒務，可證。
〔註257〕《宋史》，卷一八五，〈食貨志〉下七，「酒」，頁6下。

如現存南宋方志云，四明鄞縣置酒務四：小溪、下莊、林村、黃姑林；〔註258〕
會稽蕭山縣置酒務三：縣北、西興、漁浦；〔註259〕皆可證。

## 七、茶　苑

宋代官府茶苑，專司焙製貢茶，以供國用。而貢茶之地，據《元豐九域
志》、《宋史・地理志》載：江南東路有南康軍、廣德軍（安徽廣德），荊湖南
路有潭州，北路有江陵府（湖北江陵），福建路有建寧府、南劍州等。〔註260〕

宋代諸貢茶茶苑中，以建溪北苑最具盛名。茲試引相關史料專述之，以
見其餘茶苑之一斑。

建溪茶者，始焙於唐德宗貞元年間（790～805）之建州刺史常袞，初謂
之研膏茶，後以餅樣貫其中，又謂之一串；〔註261〕而北苑（龍焙）之設，則
創自南唐李氏。〔註262〕至宋，承其制並增廣之，其名遂顯於世。

北苑位於建安（福建建甌）之東三十里鳳凰山下，旁聯諸焙，厥土赤壤。
太宗太平興國中，始貢其茶，視為珍異；仁宗慶曆中（1041～1048），漕臺益
重之。蓋自是，品數日增，制度日精。北苑共有御（茶）園四十六所，曰九
窠十二隴、麥窠、壤園、龍遊窠、小苦竹、苦竹裏、雞藪窠、苦竹、苦竹源、
鼯鼠窠、教煉壠、鳳凰山、大小焊、橫坑、猿遊隴、張坑、帶園、焙東、中
歷、東際、西際、官平、（以上稱內園，以下稱外園）上下官坑、石碎窠、虎
膝窠、樓隴、蕉窠、新園、夫樓基、阮坑、曾坑、黃際、馬鞍山、林園、和
尚園、黃淡窠、吳彥山、羅漢山、水桑窠、師姑園、銅場、靈滋、范馬園、
高畬、大窠頭、小山等。〔註263〕其中內園二十有二，外園二十有四；而九窠

〔註258〕羅濬《寶慶四明志》卷一二，〈鄞縣志〉卷第一，〈敘縣倉庫場務等〉，頁9
　　　　上～下。（宋元地方志叢書第八冊，清咸豐四年刊本，臺北：中國地志研究會，
　　　　民國67年8月）
〔註259〕施宿《嘉泰會稽志》，卷一二，〈蕭山縣〉，〈倉場務〉，頁26下～27上。（宋
　　　　元地方志叢書第十冊，清嘉慶十三年刊本，臺北：中國地志研究會，民國67
　　　　年8月）
〔註260〕王存《元豐九域志》，（百部叢書集成之二七，聚珍版叢書，臺北：藝文印書
　　　　館，民國54～59年）《宋史》，卷八五～九○，〈地理志〉一～六。
〔註261〕張舜民《畫墁集》，「有唐茶品」條。（筆記小說大觀續編第三冊，文明刊歷代
　　　　善本，臺北：新興書局，民國62年7月）
〔註262〕蔡絛《鐵圍山叢談》卷六，「建谿龍茶」條。（說庫第一冊，文明刊歷代善本，
　　　　臺北：新興書局，民國62年4月）
〔註263〕趙汝礪《北苑別錄》，頁1下～2下。（四庫全書珍本別輯，子部譜錄類，文
　　　　淵閣本，臺北：臺灣商務印書館，民國64年）

十二隴、龍遊窠、小苦竹、張坑、西際五者，又號爲禁園。〔註264〕

北苑茶之焙造過程，大致可分爲八：開焙（驚蟄前三日；遇閏則反之）、採茶（凌晨日出前，以甲不以指）、揀茶（揀其精麤，辨其品數）、蒸茶（過與不熟，均爲之患，必以得中爲當）、榨茶（大榨、小榨，以去其膏水）、研茶（以柯爲杵，以瓦爲盆，分團酌水，皆有定數，必至水乾茶熟而後已）、造茶（盪揉勻膩，入圈製銙，隨筐過黃）、過黃（初入烈火，次過沸湯，如是凡三，再宿一火，遂過煙焙；煙焙欲不烈不煙，但取其溫。火數多寡，視銙厚薄，厚者十至十五火，薄者亦八至六火。火足，過湯出色，置之密室，急以扇之，色澤自然光瑩）。〔註265〕因其講究焙製，擇之以精，濯之以潔，蒸之以香，火之以良，不容稍有失度。故所役人夫，必擇土著，及諳曉茶事之人。大抵言之，採夫欲其習熟政爲；揀夫欲其嫻於辨色；蒸夫、過黃，欲其醇於火候；榨夫、研夫，欲其強力爲貴；茶匠則以熟巧爲上。〔註266〕

北苑原有茶局四所，後併爲二。故茶堂（製茶之所）有東、西局之名，茶銙（團茶之圈）有東、西作之號。其茶銙依形制而分方銙、花銙、大龍銙、小龍銙四種，品色不同，名目亦殊。所貢則別以粗、細二色，分十綱進御。〔註267〕

## 八、其 他

宋代地方官府工場，除前述七種外，河陰有窰務，司造磚瓦上京；〔註268〕鄭州（河南鄭縣）有三水磨務，司磨麥以上供；〔註269〕舒州（安徽潛山）有刻書局，司鏤刊圖書；〔註270〕其他如益州、江州、徽州（安徽歙縣）、成都等地，有交子務、會子務、會紙局，司鈔引之製造。凡此亦皆屬之。惟以其囿於史料之不詳，或因變革無常，茲皆僅識其名，不冗述。

---

〔註264〕按：方春，靈芽荸圻，常先使民焙十餘日，故有禁園以別之。

〔註265〕同註263，頁4上～8下。

〔註266〕參見《北苑別錄》。

〔註267〕參見朱重聖《北宋茶之生產、管理與運銷》，「宋徽宗北苑貢茶品名、焙造年代及綱次表」，頁30～32。

〔註268〕《長編》，卷二九八，「神宗元豐二年六月辛丑」條。

〔註269〕《宋會要》，食貨五五之一。

〔註270〕洪邁《夷堅丙志》，卷一二，「舒州刻工」條，頁1上～下。（筆記小說大觀八編第四冊，文明刊歷代善本，臺北：新興書局，民國64年9月）

# 第三章　官府工場之物料來源

　　宋代官府工場組織龐大，類型繁多，已見前章。至其工場運作之物料來源，則衡諸史料，可約之爲貢品、稅物、收購，及自行生產四類。其中貢品者，爲國內諸州，外藩諸邦，因風土所宜，所貢稀有特產，其權充造作之物，必爲數不多，可謂爲間接而次要之來源；稅物者，乃國家稅收之物，既非全數逐付工場，又未盡可充造作之用，故亦可謂爲間接而次要之來源；收購者，指官府因需要向民間作適材適量之採購，可謂爲直接而最主要之來源；官府自行生產者，指由官府工場直接生產造作物料，以應所需，故亦可謂爲直接而主要之來源。茲分述之。

## 第一節　貢　品

　　任土作貢，自古有之，如《周禮》「九貢」，以「致邦國之用」云。〔註1〕其後歷代承襲，各有損益。至宋，則可分之爲二：國內諸州歲時貢者，曰「土貢」；〔註2〕外藩諸邦間或貢者，曰「進貢」。〔註3〕其掌理機構，則元豐改官

〔註1〕　按：《周禮》九貢，一曰祀貢（犧牲包茅之屬），二曰嬪（賓）貢（皮帛之屬），三曰器貢（宗廟之器），四曰幣貢（繡帛之屬），五曰材貢（木材也），六曰貨貢（珠貝自然之物），七曰服貢（祭服），八曰斿貢（羽毛），九曰物貢（九州之外，各以其所貢爲摯）。見《周禮》，卷一，〈天官冢宰〉第一，頁九上。

〔註2〕　趙昇《朝野類要》卷一，〈土貢〉，頁6下。（筆記小說大觀正編第二冊，文明刊歷代善本，臺北：新興書局，民國62年4月）

〔註3〕　按：其間歲入貢者，有交州（交趾）、宜州、黎州、西蕃唃氏、西南諸蕃、占城、回鶻、大食、于闐、三佛齊、邛部川蠻及溪峒等。見《宋史》，卷一一九，〈禮志〉二十二，「賓禮」，「諸國朝貢」，頁20上。

制前爲三司，元豐改官制後爲戶部。〔註4〕

## 一、土　貢

　　宋時土貢，乃隨各州郡土產所宜，歲時貢之；其始則自太祖之初，太祖且詔「非土產者，勿貢。」〔註5〕則土貢者，當屬官府工場物料間接來源之一。茲試先就相關史料，作一官府工場土貢物料總計表（表四），以明之：

**表四：宋代官府工場土貢物料總計表**

| 路分 | 府州軍監 | 土貢物料 | 備考 | 府州軍監 | 土貢物料 | 備考 |
|---|---|---|---|---|---|---|
| 京畿路 | 開封府 | （甲）方紋綾、方紋紗。 | | | | 以上計一府。 |
| 京東東路 | 青　州 | （甲）仙紋綾。 | | 登　州 | （乙）金。 | |
| | 密　州 | （甲）絹。 | | 濰　州 | （甲）綜絲素絁。 | |
| | 濟南府 | （甲）綿、絹。 | | 淄　州 | （甲）綾。 | |
| | 淮陽軍 | （甲）絹。 | | | | 以上計一府、五州、一軍。 |
| 京東西路 | 應天府 | （甲）絹。 | | 東平府 | （甲）絹。（乙）阿膠。 | |
| | 襲慶府 | （甲）大花綾。（己）墨。 | | 濟　州 | （乙）阿膠。 | |
| | 徐　州 | （甲）雙絲綾、紬、絹。 | | 濮　州 | （甲）絹。 | 以上計四府，三州。 |
| | 興仁府 | （甲）絹。 | | | | |
| 京西南路 | 隨　州 | （甲）絹、綾、葛。 | | 郢　州 | （甲）白紵。 | |
| | 金　州 | （乙）麩金。 | | 唐　州 | （甲）絹。 | 以上計五州。 |
| | 房　州 | （甲）紵布。 | | | | |
| 京西北路 | 河南府 | （乙）蠟。 | | 蔡　州 | （甲）綾。 | |
| | 潁昌府 | （甲）絹。 | | 淮寧府 | （甲）絹、紬。 | |
| | 鄭　州 | （甲）絹。 | | 順昌府 | （甲）紬、絁、綿。 | |
| | 滑　州 | （甲）絹。 | | 汝　州 | （甲）絁、紬。 | |
| | 孟　州 | （丙）粱米。 | | 信陽軍 | （甲）紵布。 | 以上計四府、五州、一軍。 |

〔註4〕　《宋史》，卷一六三，〈職官志〉三，「戶部」，頁16下～17上。按：戶部掌天下財賦，舉凡土貢、稅賦、征榷、上供、封樁、科買諸事皆掌之。

〔註5〕　同前書，卷二，〈太祖本紀〉二，頁10上。

| 路 | 府/州 | 物料 | | 府/州 | 物料 | 小計 |
|---|---|---|---|---|---|---|
| 河北東路 | 大名府 | （甲）花紬、綿紬、平紬。<br>（戊）紫草。 | | 雄　州 | （甲）紬。 | |
| | | | | 霸　州 | （甲）絹。 | |
| | 開德府 | （戊）南粉。 | | 德　州 | （甲）絹。 | |
| | 滄　州 | （甲）大絹。 | | 濱　州 | （甲）絹。 | |
| | 冀　州 | （甲）絹。 | | 恩　州 | （甲）絹。 | |
| | 河間府 | （甲）絹。 | | 永靜軍 | （甲）絹。 | |
| | 博　州 | （甲）平絹。 | | 清　州 | （甲）絹。 | |
| | 棣　州 | （甲）絹。 | | 信安軍 | （甲）絹。 | |
| | 莫　州 | （甲）綿。 | | 保定軍 | （甲）紬。 | 以上計三府，十一州三軍。 |
| 河北西路 | 眞定府 | （甲）羅。 | | 深　州 | （甲）絹。 | |
| | 相　州 | （甲）暗花牡丹紗、絹。<br>（戊）胡粉。 | | 磁　州 | （乙）磁石。 | |
| | | | | 祁　州 | （甲）花紬。 | |
| | 中山府 | （甲）羅、大花綾。 | | 慶源府 | （甲）絹、綿。 | |
| | 信德府 | （甲）絹。<br>（乙）解玉砂。 | | 保　州 | （甲）絹。 | |
| | | | | 安肅軍 | （甲）素紬。 | |
| | 衞　州 | （甲）絹、綿。 | | 廣信軍 | （甲）紬。 | |
| | 洺　州 | （甲）紬。 | | 順安軍 | （甲）絹。 | 以上計四府、七州、三軍。 |
| 河東路 | 隆德府 | （己）墨。 | | 隰　州 | （乙）蠟。 | |
| | 絳　州 | （己）墨。 | | 威勝軍 | （甲）紬。 | |
| | 代　州 | （戊）青、碌。 | | 平定軍 | （甲）絹。 | |
| | 汾　州 | （甲）紬。<br>（乙）石膏。 | | 岢嵐軍 | （甲）絹。 | |
| | | | | 寧化軍 | （甲）絹。 | |
| | 石　州 | （乙）蠟。 | | 保德軍 | （甲）絹。 | 以上計一府、五州、五軍。 |
| 永興軍路 | 京兆府 | （乙）蠟。 | | 坊　州 | （丁）弓弦麻。 | |
| | 陝　州 | （甲）紬、紬。 | | 保安軍 | （甲）毛段。 | |
| | 延安府 | （乙）黃蠟。 | | 慶陽府 | （乙）黃蠟。 | 以上計三府、二州、一軍。 |
| 秦鳳路 | 階　州 | （丁）羚羊角。 | | 涇　州 | （甲）毛毼段。 | |
| | 渭　州 | （甲）絹。 | | 熙　州 | （甲）毛毼段。 | 以上計四州。 |

| 路 | 地名 | 物料 | | 地名 | 物料 | 備註 |
|---|---|---|---|---|---|---|
| 兩浙路 | 臨安府 | （甲）綾。<br>（己）藤紙。 | | 常州 | （甲）白紵、紗。 | |
| | 紹興府 | （甲）越綾、輕庸紗。<br>（己）紙。 | | 瑞安府 | （丁）鮫魚皮。<br>（己）蠲糨紙。 | |
| | 平江府 | （甲）葛。 | | 台州 | （乙）金漆。<br>（丁）鮫魚皮。 | |
| | 鎮江府 | （甲）羅、綾。 | | | | |
| | 湖州 | （甲）白紵。 | | 衢州 | （甲）綿。<br>（己）藤紙。 | |
| | 婺州 | （甲）綿。<br>（己）藤紙。 | | 處州 | （甲）綿。 | |
| | | | | 建德府 | （甲）白紵。 | |
| | 慶元府 | （甲）綾。 | | 嘉興府 | （甲）綾。 | 以上計八府、六州。 |
| 淮南東路 | 揚州 | （甲）白苧布。 | | 泰州 | （甲）隔織。 | |
| | 亳州 | （甲）縐紗、絹。 | | 泗州 | （四）絹。 | |
| | 宿州 | （甲）絹。 | | 滁州 | （甲）絹。 | |
| | 楚州 | （甲）苧布。 | | 眞州 | （己）麻紙。 | |
| | 海州 | （甲）絹、獐皮、鹿皮。 | | 通州 | （甲）獐皮、鹿皮。<br>（丁）鰾膠。 | 以上計十州。 |
| 淮南西路 | 壽春府 | （甲）葛布。 | | 濠州 | （甲）絹。 | |
| | 廬州 | （甲）紗、絹。<br>（乙）蠟。 | | 光州 | （甲）葛布。 | |
| | | | | 黃州 | （甲）苧布。 | |
| | 蘄州 | （甲）苧布。 | | | | |
| | 和州 | （甲）苧布、練布。 | | 無爲軍 | （甲）絹。 | 以上計一府、六州、一軍。 |
| 江南東路 | 寧國府 | （甲）紵布。 | | 池州 | （己）紙。 | |
| | 徽州 | （甲）白苧。<br>（己）紙。 | | 饒州 | （乙）麩金。 | |
| | | | | 太平州 | （甲）紗。 | 以上計一府、四州。 |
| 江南西路 | 隆興府 | （甲）葛。 | | 瑞州 | （甲）紵。 | |
| | 贛州 | （甲）白紵。 | | 興國軍 | （甲）紵。 | |
| | 吉州 | （甲）紵布、葛。 | | 南安軍 | （甲）紵。 | |
| | 袁州 | （甲）紵布。 | | 臨江軍 | （甲）絹。 | |
| | 撫州 | （甲）葛。 | | 建昌軍 | （甲）絹。 | 以上計一府、五州、四軍。 |
| 荊湖北路 | 江陵府 | （甲）綾、紵。 | | 歸州 | （甲）紵。 | |
| | 鄂州 | （乙）銀。 | | 辰州 | （乙）水銀。<br>（戊）朱砂。 | |
| | 德安府 | （甲）青紵。 | | | | |
| | 常德府 | （甲）紵、布、練布。 | | 沅州 | （乙）水銀。<br>（戊）朱砂。 | |
| | 澧州 | （甲）綾。 | | | | |

| | | | | | | |
|---|---|---|---|---|---|---|
| | 岳　州 | （甲）紵。 | | 靖　州 | （甲）白絹。 | 以上計三府、七州。 |
| 荆湖南路 | 潭　州 | （甲）葛。 | | 郴　州 | （甲）紵。 | |
| | 衡　州 | （乙）麩金。<br>（丁）犀。 | | 寶慶府 | （乙）銀。<br>（丁）犀角。 | |
| | 道　州 | （甲）白紵。 | | 全　州 | （甲）葛。 | |
| | 永　州 | （甲）葛。 | | 桂陽軍 | （乙）銀。 | 以上計一府、六州、一軍。 |
| 福建路 | 福　州 | （甲）紅花蕉布。 | 元豐時貢。 | 邵武軍 | （甲）紵。 | |
| | 泉　州 | （甲）綿、葛。 | 元豐時貢。 | 興化軍 | （甲）綿、葛布。 | 以上計三州、二軍。 |
| | 漳　州 | （丁）鮫魚皮。 | | | | |
| 成都府路 | 成都府 | （甲）花羅、錦、高紵布。<br>（己）牋紙。 | | 漢　州 | （甲）紵布。 | |
| | | | | 嘉定府 | （乙）麩金。 | |
| | 眉　州 | （乙）麩金。 | | 邛　州 | （甲）絲布。 | |
| | 崇慶府 | （甲）春羅、單絲羅。 | | 簡　州 | （甲）綿紬。<br>（乙）麩金。 | |
| | 彭　州 | （甲）羅。 | | | | |
| | 綿　州 | （甲）綾、紵布。 | | 雅　州 | （乙）麩金。 | 以上計三府、七州。 |
| 潼川府路 | 潼川府 | （甲）綾。<br>（戊）曾青、空青。 | | 敘　州 | （甲）葛。 | |
| | | | | 瀘　州 | （甲）葛。 | |
| | 遂寧府 | （甲）樗蒲綾。 | | 榮　州 | （甲）斑布。 | |
| | 順慶府 | （甲）絲布。 | | 渠　州 | （甲）綿紬。 | |
| | 資　州 | （乙）麩金。 | | 懷安軍 | （甲）紬。 | |
| | 普　州 | （甲）葛。 | | 寧西軍 | （甲）絹。 | 以上計三府、七州、二軍。 |
| | 昌　州 | （甲）絹。<br>（乙）麩金。 | | | | |
| 利州路 | 興元府 | （戊）臙脂、紅花。 | | 巴　州 | （甲）綿紬。 | |
| | 利　州 | （乙）金。<br>（丁）鋼鐵。 | | 沔　州 | （乙）蠟。 | |
| | | | | 蓬　州 | （甲）紵絲綾、綿紬。 | |
| | 洋　州 | （甲）隔織。 | | 政　州 | （乙）麩金。<br>（丁）羚羊角。 | 以上計一府、七州。 |
| | 閬　州 | （甲）蓮綾。 | | | | |
| 夔州路 | 夔　州 | （乙）蠟、✕玳瑁、✕紫貝。 | 《文獻通考》卷二二。 | 達　州 | （甲）紬。 | |
| | 紹慶府 | （乙）蠟。<br>（戊）朱砂。 | | 涪　州 | （甲）絹。 | |
| | | | | 重慶府 | （甲）葛布。 | |

| | | | | | |
|---|---|---|---|---|---|
| 咸淳府 | （甲）綿紬。 | | 雲安軍 | （甲）絹。 | |
| 萬　州 | （乙）金。 | | 梁山軍 | （甲）綿。 | |
| 開　州 | （甲）白紵。 | | 大寧監 | （乙）蠟。 | 以上計三府、五州、一軍、一監。 |
| 廣南東路 | 廣　州 | （丁）＊藤。 | 《太宗實錄》。《宋會要》食貨四一之三九。 | 南雄州 | （甲）絹。 |
| | | | | 英德府 | （甲）紵布。 |
| | 韶　州 | （甲）絹。 | | 賀　州 | （乙）銀。 |
| | 循　州 | （甲）絹。 | | 封　州 | （乙）銀。 |
| | 潮　州 | （甲）蕉布。（丁）鮫魚皮。 | | 肇慶府 | （乙）銀。 |
| | | | | 新　州 | （乙）銀。 |
| | 連　州 | （甲）苧布、＊珠子。 | 《文獻通考》卷二二。 | 德慶府 | （乙）銀。 |
| | 梅　州 | （甲）布。（乙）銀。 | | 南恩州 | （乙）銀。 | 以上計三府、十一州。 |
| 廣南西路 | 靜江府 | （乙）銀。 | | 慶遠府 | （乙）銀。 | 元豐時貢。 |
| | 容　州 | （甲）＊珠。（乙）銀。（戊）珠砂。 | 《長編》卷一八。《宋會要》食貨四一之四五。《文獻通考》卷二二。 | 賓　州 | （乙）銀。 |
| | | | | 橫　州 | （乙）銀。 |
| | | | | 化　州 | （乙）銀。 |
| | 邕　州 | （乙）銀。 | | 高　州 | （乙）銀。 |
| | 融　州 | （乙）銀。 | | 欽　州 | （甲）翡翠毛。 |
| | 象　州 | （乙）金。 | | 白　州 | （乙）銀。 |
| | 昭　州 | （乙）銀、＊金。 | 《宋史》卷三五。 | 鬱林州 | （乙）銀。 | 元豐時貢。 |
| | 梧　州 | （乙）銀。 | | 廉　州 | （甲）＊珠。（乙）銀。 | 珠產於海門。《太宗實錄》卷二六。 |

| | | | | | |
|---|---|---|---|---|---|
| 藤　州 | （乙）銀。 | | | | |
| 襄　州 | （乙）銀。 | | 瓊　州 | （乙）銀、＊瑇瑁、＊紫貝。 | 《長編》卷一〇五。 |
| 潯　州 | （乙）銀。 | | 南寧軍 | （乙）銀。 | |
| 柳　州 | （乙）銀。 | | 萬安軍 | （乙）銀。 | 以上計二府、二十州、二軍。 |
| 貴　州 | （乙）銀。 | | | | |
| 說明 | 一、本表以《宋史・地理志》爲主要史料來源，並依其路府州軍監先後爲序，列入《長編》、《宋會要》、《文獻通考》等書相關史料。其餘則暫從略。<br>二、本表「土貢物料」欄，僅列其與官府工場有關者，並約之爲六類：（甲）服冕物料，（乙）器用物料，（丙）釀酒物料，（丁）軍器物料，（戊）染色物料，（己）印書物料。其有一物可供多種用途者，亦僅列爲一類。<br>三、又「土貢物料」欄有「＊」符號者，徵引見「徵考」欄中；其餘則皆引自《宋史・地理志》。 | | | | |

　　綜觀上表，可知宋代官府工場物料之由土貢而來者，就種類言，可大別爲服冕、器用、釀酒、兵器、染色、印書等六類。其中服冕類，可供文思院、裁造院等製造服冕用；器用類可供後苑造作所、文思院等打造器物用；釀酒類可供內酒坊釀酒用；兵器類可供御前軍器所、軍器監、斬馬刀所等造作兵器用；染色類可供染院、丹粉所、燒朱所等練染、製粉及塗料用；印書類則可供國子監、印經院等刊印圖書用。至其各類品目，則以服冕類凡十七品爲最多，曰綾、紗、絹、綿、絁、葛、紵、布、紬、羅、毛段、獐皮、鹿皮、隔織、錦、珠子、翡翠羽毛等；其次則依序爲：器用類十二品，曰金、阿膠、蠟、麩（砂）金、解玉砂、磁石、石膏、金漆、銀、水銀、玳瑁、紫貝等；染色類九品，曰紫草、南粉、胡（鉛）粉、青碌、曾青、空青、臙脂、紅花、朱砂等；兵器類七品，曰弓弦麻、羚羊角、鮫魚皮、鰾膠、犀角、藤、鋼鐵等；印書類六品，曰墨、藤紙、蜀糨紙、麻紙、牋紙、紙等；而以釀酒類僅粱米一品，爲最末。

　　上述諸土貢，就其區域言，若依路分及府州軍監爲準，則又可約之而爲黃河流域、長江流域、四川地區與閩廣地區等四區。茲再據土貢物料總計表（表四），作諸區域及路分分類統計表（表五）、諸區域比例統計表（表六），及諸區域比例統計圖（圖三）各一，以明其大要：

## 表五：宋代官府工場土貢物料諸區域及路分分類統計表

| 區域 | 路　分 | 土貢處分類統計 | | | | | | 備　考 |
|---|---|---|---|---|---|---|---|---|
| | | 服冕類 | 器用類 | 釀酒類 | 兵器類 | 染色類 | 印書類 | |
| 黃河流域 | 京畿路 | 1（×） | | | | | | 南宋失陷。 |
| | 京東東路 | 6（×） | 1（×） | | | | | 南宋失陷。 |
| | 京東西路 | 6（×） | 2（×） | | | | 1（×） | 南宋失陷。 |
| | 京西南路 | 4（3） | 1 | | | | | 南宋時，唐州失陷。 |
| | 京西北路 | 8（×） | 1（×） | 1（×） | | | | 南宋失陷。 |
| | 河北東路 | 16（×） | | | | 2（×） | | 南宋失陷。 |
| | 河北西路 | 13（×） | 2（×） | | | 1（×） | | 南宋失陷。 |
| | 河東路 | 6（×） | 3（×） | | | 1（×） | 2（×） | 南宋失陷。 |
| | 永興軍路 | 2（×） | 3（×） | | 1（×） | | | 南宋失陷。 |
| | 秦鳳路 | 3 | | | 1 | | | |
| | 小　計 | 65（6） | 13（1） | 1（×） | 2（1） | 4（×） | 3（×） | |
| 長江流域 | 兩　浙　路 | 12 | 1 | | 2 | | 5 | |
| | 淮南東路 | 9（7） | | | 1 | | 1 | 南宋時，海、泗州淪陷。 |
| | 淮南西路 | 8 | 1 | | | | | |
| | 江南東路 | 3 | 1 | | | | 2 | |
| | 江南西路 | 10 | | | | | | |
| | 荊湖北路 | 7 | 3 | | | 2 | | |
| | 荊湖南路 | 5 | 3 | | 2 | | | |
| | 小　計 | 54（52） | 9 | | 5 | 2 | 8 | |
| 四川地區 | 成都府路 | 7 | 4 | | | | 1 | |
| | 潼川府路 | 11 | 2 | | 1 | 1 | | |
| | 利州路 | 4 | 3 | | 2 | 1 | | |
| | 夔州路 | 7 | 4 | | 1 | | | |
| | 小　計 | 29 | 13 | | 2 | 3 | 1 | |
| 閩廣地區 | 福建路 | 4（2） | | | 1 | | | 減去元豐時泉州、福州所貢。 |
| | 廣南東路 | 7 | 7 | | | | | |
| | 廣南西路 | 3 | 23（21） | | | 1 | | 減去元豐時慶遠府、鬱林州所貢。 |
| | 小　計 | 14（12） | 30（28） | | 3 | 1 | | |
| | 總　計 | 162（99） | 65（51） | 1（0） | 12（11） | 10（6） | 12（9） | |
| 說　明 | 一、本表據「宋代官府工場土貢物料總計表」所載諸路及府州軍監所貢物料，分類統計而成。<br>二、表中阿拉伯數字爲北宋土貢處分類統計：（　）內爲南宋分類統計：（×）表南宋時已不存；其南、北宋土貢處相同者，則不再標明。 | | | | | | | |

## 表六：宋代官府工場土貢物料諸區域比例統計表

| 區域 | 服冕類 | | 器用類 | | 釀酒類 | | 兵器類 | | 染色類 | | 印書類 | |
|---|---|---|---|---|---|---|---|---|---|---|---|---|
| | 土貢處 | 所佔比例 | 土貢處 | 所佔比例 | 土貢處 | 所佔比例 | 土貢處 | 所佔比例 | 土貢處 | 所佔比例 | 土貢處 | 所佔比例 |
| 黃河流域 | 65 (6) | 40% (6%) | 13 (1) | 20% (2%) | 1 (×) | 100% (0) | 2 (1) | 17% (9%) | 4 (×) | 40% (0) | 3 (×) | 25% (0) |
| 長江流域 | 54 (52) | 33% (53%) | 9 | 14% (18%) | 0 | 0 | 5 | 41% (46%) | 2 | 20% (33%) | 8 | 67% (89%) |
| 四川地區 | 29 | 18% (29%) | 13 | 20% (25%) | 0 | 0 | 2 | 17% (18%) | 3 | 30% (50%) | 1 | 8% (11%) |
| 閩廣地區 | 14 (12) | 9% (12%) | 30 (28) | 46% (55%) | 0 | 0 | 3 | 25% (27%) | 1 | 10% (17%) | 0 | 0 |
| 總計 | 162 (99) | 100% | 65 (51) | 100% | 1 (0) | 100% | 12 (11) | 100% | 10 (6) | 100% | 12 (9) | 100% |
| 說明 | 一、本表據「宋代官府工場土貢物料諸區域及路分分類統計表」所載各項小計及總計，比例統計而成。 二、表中阿拉伯數字無（　）者表北宋；有（　）者表南宋；其南、北宋相同者，不另標出。 | | | | | | | | | | | |

## 圖三：宋代官府工場土貢物料諸區域比例統計圖（■表北宋，□表南宋）

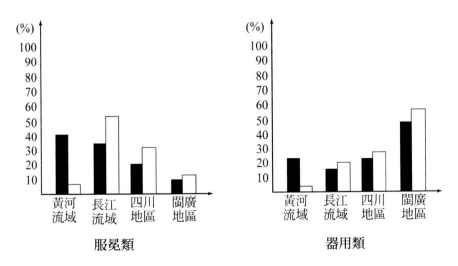

服冕類　　　　　　　　　　器用類

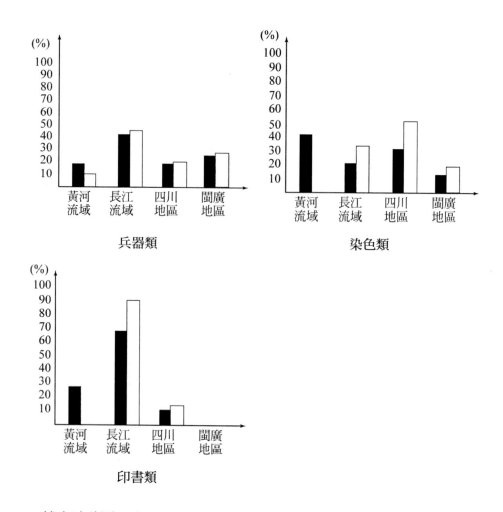

兵器類

染色類

印書類

據上述諸圖、表可知，宋代官府工場所用土貢物料，（一）若就其土貢處之總數言，北宋時，計服冕類一百六十二、器用類六十五、釀酒類一、兵器類十二、染色類十、印書類十二；南宋時，則因京畿、京東東、京東西、京西北、河北東、河北西、河東、永興軍等八路，及京西南路之唐州，淮南東路之海、泗二州，均淪入金土；福建路之泉、福二州，及廣南西路之慶遠府、鬱林州，又已不再上貢；故其土貢處之總數，顯著減少，計服冕類九十九、器用類五十一、兵器類十一、染色類六、印書類九。又（二）上述各類物料土貢處，若再就其區域及路分言，則黃河流域凡十路：京畿、京東東、京東西、京西南、京西北、河北東、河北西、河東，及永興軍、秦鳳路等。其各類物料土貢處，北宋時，計服冕類六十五、器用類十三、釀酒類一、兵器類二、染色類四、印書類三；南宋時，則僅存服冕類六，及器用、兵器類

各一。長江流域凡七路：兩浙、淮南東、淮南西、江南東、江南西，及荊湖北、荊湖南路等。其各類物料土貢處，北宋時，計服冕類五十四、器用類九、兵器類五、染色類二、印書類八；南宋時，則除服冕類改爲五十二處外，餘均與北宋同。四川地區凡四路：成都府、潼川府、利州，及夔州路等。其各類物料土貢處，計南北宋，服冕類二十九、器用類十三、兵器類二、染色類三，及印書類一。閩廣地區凡三路：福建、廣南東，及廣南西路。其各類物料土貢處，北宋時，計服冕類十四、器用類三十、兵器類三、染色類一；南宋時，則兵器、染色類與北宋同外，計服冕類十二、器用類二十八。至若（三）各區域物料土貢處之比例，則1、服冕類：北宋時，以黃河流域居最，占百分之四十；其次則依序爲長江流域百分之三十三，四川地區百分之十八，閩廣地區百分之九。南宋時，則以長江流域居首，占百分之五十三；其次依序爲四川地區百分之二十九，閩廣地區百分之十二，黃河流域百分之六。2、器用類：南北宋均以閩廣地區爲最，分占百分之四十六及五十五；其次則依序爲四川地區百分之二十及二十五，長江流域百分之十四及十八，黃河流域百分之二十及二。3、釀酒類：僅北宋時黃河流域有一處土貢，占百分之百。4、兵器類：南北宋皆以長江流域居最，分占百分之四十六及四十一；其次則依序爲閩廣地區百分之二十五及二十七，四川地區百分之十七及十八，黃河流域百分之十七及九。5、染色類：北宋時，以黃河流域居首，占百分之四十；其次則依序爲四川地區百分之三十，長江流域百分之二十，閩廣地區百分之十。南宋時，則以四川地區爲最，占百分之五十；其次依序爲長江流域百分之三十三，閩廣地區百分之十七；至於黃河流域，則悉數淪於金土，未見土貢。6、印書類：南北宋皆以長江流域居首，分占百分之六十七及八十九；其餘如黃河流域，北宋時居次，占百分之二十五，南宋時未聞；四川地區，北宋時百分之八，南宋時百分之十一；至於閩廣地區，則南北宋皆未聞。

　　按：由上述諸表，皆可見出服冕類物料，實居宋代各類土貢之首。因試再引土貢物料總計表（表四），作一服冕類物料區域統計表（表七），以見其詳：

## 表七：宋代土貢服冕類物料區域統計表

| 區域 | 路分 | 綾 | 紗 | 絹 | 綿 | 絁 | 葛 | 紵 | 布 | 紬 | 羅 | 毛段 | 獐皮鹿皮 | 隔織 | 錦 | 珠子 | 翡翠羽毛 | 備考 |
|---|---|---|---|---|---|---|---|---|---|---|---|---|---|---|---|---|---|---|
| 黃河流域 | 京畿路 | 1(×) | 1(×) | | | | | | | | | | | | | | | 南宋失陷 |
| | 京東東路 | 2(×) | | 3(×) | | 1(×) | | | | | | | | | | | | 南宋失陷 |
| | 京東西路 | 2(×) | | 5(×) | | | | | | 1(×) | | | | | | | | 南宋失陷 |
| | 京西南路 | 1 | | 2(1) | | | 1 | 1 | 1 | | | | | | | | | 南宋唐州失陷 |
| | 京西北路 | 1(×) | | 4(×) | 1(×) | 2(×) | | | | 1(×) | 3(×) | | | | | | | 南宋失陷 |
| | 河北東路 | | | 12(×) | 1(×) | 1(×) | | | | 2(×) | | | | | | | | 南宋失陷 |
| | 河北西路 | 1(×) | 1(×) | 7(×) | 2(×) | 2(×) | | | | 2(×) | 1(×) | | | | | | | 南宋失陷 |
| | 河東路 | | | 4(×) | | 2(×) | | | | | | | | | | | | 南宋失陷 |
| | 永興軍路 | | | | | 1(×) | | | | 1(×) | | 1(×) | | | | | | 南宋失陷 |
| | 秦鳳路 | | | 1 | | | | | | | | 2 | | | | | | |
| | 小計 | 8(1) | 2(0) | 39(2) | 4(0) | 9(0) | 1 | 1 | 2(1) | 8(0) | 1(0) | 3(2) | | | | | | |

| 地區 | 路 |  |  |  |  |  |  |  |  |  |  |  |  | 備註 |
|---|---|---|---|---|---|---|---|---|---|---|---|---|---|---|
| 長江流域 | 兩浙路 | 5 | 2 |  | 3 | 1 | 3 |  | 1 |  |  |  |  |  |
|  | 淮南東路 |  | 1 | 5(3) |  |  |  | 2 |  | 2(1) | 1 |  |  | 泗州失陷、南宋時海 |
|  | 淮南西路 |  | 1 | 3 |  |  |  | 5 |  |  |  |  |  |  |
|  | 江南東路 |  | 1 |  |  |  | 1 | 1 |  |  |  |  |  |  |
|  | 江南西路 |  |  | 2 |  | 2 | 4 | 2 |  |  |  |  |  |  |
|  | 荊湖北路 | 2 |  | 1 |  |  | 5 | 1 |  |  |  |  |  |  |
|  | 荊湖南路 |  |  |  |  | 3 | 2 |  |  |  |  |  |  |  |
|  | 小計 | 7 | 5 | 11(9) | 3 | 6 | 15 | 11 | 1 | 2(1) | 1 |  |  |  |
| 四川地區 | 成都府路 | 1 |  |  |  |  | 4 | 1 | 3 |  |  |  | 1 |  |
|  | 潼川府路 | 2 |  | 2 |  | 3 | 2 | 2 |  |  |  |  |  |  |
|  | 利州路 | 2 |  |  |  |  |  | 2 |  |  |  | 1 |  |  |
|  | 夔州路 |  |  | 2 | 1 | 1 | 1 | 2 |  |  |  |  |  |  |
|  | 小計 | 5 |  | 4 | 1 | 4 | 7 | 7 | 3 |  |  | 1 | 1 |  |

| 閩廣地區 | | | | | | | | | | | | | | | | | | 減去元豐時貢 |
|---|---|---|---|---|---|---|---|---|---|---|---|---|---|---|---|---|---|---|
| | 福建路 | | | 2(1) | | 1(×) | 1 | 2(1) | | | | | | | | | | 減去元豐時貢 |
| | 廣南東路 | | 3 | | | | | 4 | | | | | | 1 | | | | |
| | 廣南西路 | | | | | | | | | | | | | 2 | 1 | | | |
| | 小計 | | 3 | 2(1) | | 1(0) | 1 | 6(5) | | | | | | 3 | 1 | | | |
| 總計 | | 20(13) | 7(5) | 56(18) | 10(5) | 9(0) | 11(10) | 18 | 20(18) | 16(7) | 5(4) | 3(2) | 2(1) | 2 | 1 | 3 | 1 | |

| 說　明 | 一、本表據宋代官府工場土貢物料總計表所載服冕類物料，分類分區統計而成。<br>二、表中阿拉伯數字，為北宋土貢處分類統計；（ ）內為南宋分類統計；（×）表南宋時已不存。其南北宋土貢處相同者，則不再標明。 |
|---|---|

　　據上表及表四，可知宋代土貢服冕類物料，（一）若就其品類言，以布分十種為最多，曰紵（苧）布、白紵（苧）布、葛布、練布、高紵布、紅花蕉布、絲布、斑布、蕉布、布等。其次則依序為綾八種，曰方紋綾、仙紋綾、大花綾、雙絲綾、越綾、蓮綾、紵絲綾、綾等；紗五種，曰方紋紗、暗花牡丹紗、輕庸紗、縐紗、紗等；紵四種，曰白紵、花紵、青紵、紵等；紬四種，曰花紬、綿紬、平紬、紬等；羅四種，曰單絲羅、花羅、春羅、羅等；絹三種，曰大絹、平絹、絹等；綀三種，曰綜絲素綀、花綀、綀等；毛段二種，曰毛毻段、毛段等；其餘如獐皮、鹿皮、隔織、錦、珠子，及翡翠羽毛等，皆各僅一種。上述諸品類，（二）若就其土貢處言，則北宋以絹凡五十六為最多，其次依序為綾、布各二十，紵十八，紬十六，葛十一，綿十，綀九，紗七，羅五；毛段、珠子各三，獐皮、鹿皮、隔織各二，錦、翡翠羽毛各一。南宋時因黃河流域幾盡喪失，土貢處銳減。其依序統計，為絹、紵、布各十八，綾十三，葛十，紬七，紗、綿各五，羅四，珠子三，毛段、隔織各二，其餘獐皮、鹿皮、錦及翡翠羽毛各一。（三）若就其區域言，則黃河流域貢絹最多，北宋凡三十九處，惟南宋僅餘二處；以毛段為特產。長江流域貢紵最多，凡十五處：以獐皮、鹿皮為特產。四川地區貢布、紬最多，凡各七處；

以錦爲特產。至於閩廣地區，則所貢不多，以珠子、翡翠羽毛爲特產。

## 二、進　貢

　　宋代外藩進貢，並不止於隣近諸邦，亦有遠至南海諸國者。惟其進貢，因有距離遠近，與夫政治、經濟等相關因素，故時間與次數每多不同：有每年一貢者，有間歲一貢者，〔註6〕亦有偶爾一貢而不常至者。〔註7〕至於各國所貢物品，雖每隨風土之殊而迥異，要之，則多有可供官府工場造作之物料，亦屬官府工場物料間接來源之一。茲試先就有關史料，作一官府工場進貢物料統計表（表八），以明之：

### 表八：宋代官府工場進貢物料統計表

| 帝號 | 年代 | | | 進貢國 | 物料種類 | 徵引 | 備考 |
|---|---|---|---|---|---|---|---|
| | 年 | 月 | 日 | | | | |
| 太<br><br><br><br><br><br><br><br><br><br><br>祖 | 建隆元年<br>（960） | 12月 | | 占城 | 犀角、象牙。 | 《宋會要》蕃夷四之六二。 | |
| | 二年<br>（961） | 正月 | | 占城 | 犀角、象牙。 | 《宋會要》蕃夷四之六二～六三。<br>《宋史》卷四八九。 | |
| | | 12月 | | 于闐 | 錦段。 | 《宋會要》蕃夷七之一。 | |
| | 三年<br>（962） | 9月 | 17日 | 占城 | 象牙。 | 《宋會要》蕃夷七之二。 | |
| | 乾德二年<br>（964） | 正月 | 8日 | 回鶻 | 玉、琥珀、氂毛尾、貂鼠皮。 | 《宋會要》蕃夷七之二。 | |
| | 三年<br>（965） | 4月 | | 回鶻 | 玉、琥珀、硇砂、毛褐、白氀布、貂鼠皮。 | 《宋會要》蕃夷四之一～二。 | |
| | | 12月 | 12日 | 回鶻<br>于闐<br>瓜州<br>沙州 | 玉、琥珀、紅白氂牛尾、硇砂、珊瑚、毛褐。 | 《宋會要》蕃夷四之二；七之三。<br>《宋史》卷四九〇。 | |

〔註6〕　同註3。
〔註7〕　按：其偶爾一貢者，有層檀、日本、大理、注輦、蒲甘（緬甸）、龜茲、佛泥、拂菻、眞臘、羅殿、渤（勃）泥（婆羅洲）、邈黎、闍婆（爪哇）、甘（登）眉流等。見《宋史》，卷一一九，〈禮志〉二十二，「賓禮」，「諸國朝貢」，頁20上。

| | | | | | | |
|---|---|---|---|---|---|---|
| 太 | 四年<br>（966） | 3月 | | 占城 | 象牙、白氎、哥緩、越諾、玳瑁。 | 《宋會要》蕃夷四之六三。<br>《宋史》卷四八九。 |
| | 開寶四年（971） | | | 三佛齊 | 水晶、火油。 | 《宋史》卷四八九。 |
| | 七年<br>（974） | 正月 | | 占城 | 西天烽鐵。 | 《宋史》卷四八九。 |
| | | | | 三佛齊 | 象牙。 | 《宋史》卷四八九。 |
| | 八年<br>（975） | 8月 | 19日 | 西南夷<br>（南寧州） | 丹砂。 | 《宋會要》蕃夷七之四。<br>《宋史》卷四九六。 |
| 祖 | | | | 三佛齊 | 錦布、犀牙。 | 《宋史》卷四八九。 |
| | 九年<br>（976） | | | 溪峒蠻<br>（獎州） | 丹砂、石英。 | 《宋史》卷四九三。 |
| 太 | 太平興國二年<br>（977） | 2月 | | 占城 | 越諾布。 | 《宋會要》蕃夷四之六四。 |
| | | 9月 | 20日 | 勃泥 | 玳瑁、象牙。 | 《宋會要》蕃夷七之八。<br>《宋史》卷四八九。 |
| | | 10月 | 15日 | 黎州蠻（山後兩林蠻） | 犀。 | 《宋會要》蕃夷七之八。<br>《宋史》卷四九六。 |
| | 三年<br>（978） | 正月 | 9日 | 西南夷（雅洲西山野川路蠻） | 虎皮、豹皮。 | 《宋會要》蕃夷七之八。<br>《宋史》卷四九六。 |
| | | 3月 | | 瓜州 | 茸褐、斜褐、毛羅。 | 《宋會要》蕃夷五之一。 |
| 宗 | 五年<br>（980） | 閏3月 | 26日 | 回鶻 | 珊瑚、琥珀、良玉。 | 《宋會要》蕃夷四之二；七之一○。 |
| | | 8月 | | 交趾 | 犀、象牙、絹。 | 《宋會要》蕃夷四之二一。 |
| | | | | 西南蕃 | 朱砂。 | 《宋會要》蕃夷五之一一。 |
| | 七年<br>（982） | | | 交趾 | 象牙、絹、雀尾。 | 《宋會要》蕃夷四之二二。 |

| | | | | | | |
|---|---|---|---|---|---|---|
| 太<br><br><br><br><br><br><br><br><br><br>宗 | 雍熙元年<br>（984） | | | 大食 | 花錦、越諾。 | 《宋史》卷四<br>九○。 | |
| | 二年<br>（985） | 2月 | 22日 | 占城 | 玳瑁、象牙、越諾。 | 《宋會要》蕃<br>夷四之六四；<br>七之一一。 | |
| | | | | 交趾 | 犀牙、絹。 | 《宋會要》蕃<br>夷四之二三。 | |
| | | 9月 | | 西南夷<br>（南寧<br>州） | 朱砂。 | 《宋會要》蕃<br>夷五之一一。 | |
| | 端拱元年<br>（988） | 2月 | 8日 | 日本 | 琥珀、染皮。 | 《宋史》卷四<br>九一。 | |
| | 二年<br>（989） | | | 邛部川<br>蠻 | 犀角、象牙。 | 《宋史》卷四<br>九六。 | |
| | 淳化元年<br>（990） | 8月 | | 西南夷<br>（南寧<br>州） | 朱砂。 | 《宋會要》蕃<br>夷五之一一～<br>一二。 | |
| | | 10月 | | 交趾 | 象牙、絹、紬、布。 | 《宋會要》蕃<br>夷四之二四。 | |
| | | 12月 | 4日 | 占城 | 犀牙、象牙、蠟。 | 《宋會要》蕃<br>夷七之一二。 | |
| | 三年<br>（992） | 12月 | 21日 | 占城 | 犀牙、象牙、玳瑁、絞布。 | 《宋會要》蕃<br>夷七之一三。 | |
| | | | | 闍婆 | 象牙、眞珠、綉花銷金絲<br>絞、雜色絲絞、吉貝織雜色<br>絞布、玳瑁。 | 《宋史》卷四<br>八九。 | |
| | | | | 西南夷<br>（南寧<br>州） | 朱砂。 | 《宋會要》蕃<br>夷五之一二。<br>《宋史》卷四<br>九六。 | |
| | 四年（993） | | | 大食 | 象牙、賓鐵、紅絲吉貝、五<br>色雜花蕃錦、白越諾。 | 《宋史》卷四<br>九○。 | |
| | 至道元年<br>（995） | 正月 | | 占城 | 犀角、象牙、玳瑁。 | 《宋會要》蕃<br>夷四之六六。 | |
| | | | | 大食 | 蕃錦、白越諾。 | 《宋史》卷四<br>九○。 | |
| | 三年<br>（997） | 9月 | | 交趾 | 犀角、象牙、絹、紬、布。 | 《宋會要》蕃<br>夷四之二五。<br>《宋史》卷四<br>八八。 | 三月，眞<br>宗即位。 |

| | | | | | | |
|---|---|---|---|---|---|---|
| 眞 | 咸平二年<br>（999） | 2月 | 28日 | 占城 | 犀牙、玟瑰。 | 《宋會要》蕃<br>夷七之一四。 |
| | | | | 瓜州 | 玉。 | 《宋會要》蕃<br>夷五之一。 |
| | | 9月 | | 西南夷<br>（南寧<br>州） | 朱砂。 | 《宋會要》蕃<br>夷五之一三。 |
| | 四年<br>（1001） | 閏3月 | | 大食 | 象牙。 | 《宋會要》蕃<br>夷四之九。 |
| | | | | 丹眉流 | 鍮、鑞、紫草、蘇木、花布、<br>象牙。 | 《宋史》卷四<br>八九。 |
| | | | | 溪峒蠻<br>（上溪<br>州） | 水銀、黃蠟。 | 《宋史》卷四<br>九三。 |
| | 五年<br>（1002） | | | 西南夷<br>（南寧<br>州） | 布帛。 | 《宋史》卷四<br>九六。 |
| | 景德三年<br>（1006） | 8月 | 11日 | 黎州蠻<br>（風琶<br>蠻） | 犀角、象牙、鹽。 | 《宋會要》蕃<br>夷五之五八。 |
| | 四年<br>（1007） | 5月 | | 瓜、沙州 | 玉團、硇砂。 | 《宋會要》蕃<br>夷五之三。 |
| | | 6月 | | 蒲端 | 玟瑰。 | 《宋會要》蕃<br>夷四之九五。 |
| 宗 | 大中祥符<br>元年<br>（1008） | 9月 | 15日 | 邛部川<br>蠻 | 犀角、象齒。 | 《宋會要》蕃<br>夷七之一七。<br>《宋史》卷四<br>九六。 |
| | 二年<br>（1009） | 2月 | 23日 | 西南夷<br>（南寧<br>州） | 朱砂。 | 《宋會要》蕃<br>夷五之一六。 |
| | 三年<br>（1010） | 閏2月 | | 龜茲 | 花蕊布、琥珀、 石、硇砂。 | 《宋會要》蕃<br>夷四之一四。<br>《宋史》卷四<br>九〇。 |
| | 四年<br>（1011） | 5月 | 24日 | 蒲端 | 玟瑰。 | 《宋會要》蕃<br>夷七之一八。 |
| | | 1正月 | 5日 | 占城 | 象牙、玟瑰。 | 《宋會要》蕃<br>夷七之一九。 |

| | | | | | | |
|---|---|---|---|---|---|---|
| | | | | 大食 | 象牙、琥珀、綉絲、紅絲、碧黃綿、細越諾、紅駝毛。 | 《宋史》卷四九〇。 |
| 眞 | 五年（1012） | 3月 | 丁未 | 溪峒蠻 | 溪布。 | 《宋史》卷八。 |
| | 六年（1013） | 1正月 | 27日 | 龜茲 | 玉。 | 《宋會要》蕃夷七之一九。 |
| | 八年（1015） | 5月 | 6日 | 占城 | 犀牙、玳瑁。 | 《宋會要》蕃夷七之一九。 |
| | | 9月 | 2日 | 注輦 | 眞珠、象牙。 | 《宋會要》蕃夷七之二〇。《宋史》卷四八九。 |
| | 九年（1016） | 9月 | 7日 | 邛部川蠻 | 犀角。 | 《宋會要》蕃夷七之二〇～二一。 |
| | | 12月 | 9日 | 回鶻 | 玉。 | 《宋會要》蕃夷四之七；七之二一。 |
| | 天禧元年（1017） | 4月 | 2日 | 三佛齊 | 眞珠、象牙。 | 《宋會要》蕃夷七之二一。《宋史》卷四八九。 |
| | | | | 龜茲 | 玉。 | 《宋會要》蕃夷四之一五。 |
| | | 12月 | 19日 | 高麗 | 漆、紵、金、布。 | 《宋會要》蕃夷七之二一。 |
| 宗 | 二年（1018） | 9月 | | 占城 | 象牙、犀角、玳瑁。 | 《宋史》卷四八九。 |
| | 三年（1019） | 8月 | 1日 | 交州 | 象牙、犀角。 | 《宋會要》蕃夷四之三一；七之二一～二二。 |
| | | 1正月 | 17日 | 高麗 | 紵布。 | 《宋會要》蕃夷七之二二。《宋史》卷四八七。 |
| | 四年（1020） | 2月 | 3日 | 注輦 | 眞珠、象牙。 | 《宋會要》蕃夷七之二二。 |

| | | | | | | |
|---|---|---|---|---|---|---|
| 仁 | 天聖元年（1023） | 閏9月 | | 沙州 | 硇砂、團玉。 | 《宋會要》蕃夷五之三。 | |
| | 二年（1024） | 4月 | | 龜茲 | 玉。 | 《宋會要》蕃夷四之一五。 | |
| | | 6月 | 6日 | 甘州 | 胡錦、白氎。 | 《宋會要》蕃夷四之八；七之二二。 | |
| | 三年（1025） | 正月 | 29日 | 溪峒蠻（上溪州） | 溪布、虎皮。 | 《宋會要》蕃夷七之二二～二三。 | |
| | | 3月 | 13日 | 甘州 | 琥珀、硇砂、白玉。 | 《宋會要》蕃夷七之二三。 | |
| | | 12月 | 4日 | 于闐 | 白玉、胡錦、硇砂。 | 《宋會要》蕃夷七之二三。 | |
| | 四年（1026） | 9月 | 15日 | 宜州蠻 | 朱砂。 | 《宋會要》蕃夷五之二○；七之二三。 | |
| | 五年（1027） | 8月 | 25日 | 甘州 | 硇砂。 | 《宋會要》蕃夷二三。 | |
| | | 10月 | 27日 | 交州 | 金、銀、紗、羅、犀角、象牙、絹、紬、布。 | 《宋會要》蕃夷七之二三。 | |
| | 六年（1028） | 2月 | 15日 | 甘州 | 玉、琥珀。 | 《宋會要》蕃夷七之二三。 | |
| 宗 | 七年（1029） | 5月 | | 占城 | 犀、象牙、玳瑁。 | 《宋會要》蕃夷四之六九～七○。 | |
| | | 10月 | 27日 | 溪州蠻 | 溪布。 | 《宋會要》蕃夷七之二三～二四。 | |
| | | 1正月 | 1日 | 黔州蠻 | 水銀、綿、紬。 | 《宋會要》蕃夷七之二四。 | |
| | | 12月 | 3日 | 波州 | 水銀。 | 《宋會要》蕃夷七之二四。 | |
| | 八年（1030） | 10月 | 17日 | 占城 | 玳瑁、犀角、象牙。 | 《宋會要》蕃夷四之七○；七之二四。《宋史》卷四八九。 | |
| | | 1正月 | 15日 | 龜茲 | 眞珠、花蕊布、硇砂。 | 《宋會要》蕃夷七之二四。 | |

| | | | | | |
|---|---|---|---|---|---|
| | | | 沙州 | 玉、玉版、黑玉、真珠、硇砂、黃礬、花蕊布。 | 《宋會要》蕃夷七之二四。 |
| | | 12月 | 13日 | 高麗 | 布、青鼠皮、獺皮。 | 《宋會要》蕃夷七之二四。 |
| 仁 | 九年（1031） | 正月 | 18日 | 龜茲 | 硇砂。 | 《宋會要》蕃夷七之二四。 |
| | | | | 沙州 | 珠玉。 | 《宋會要》蕃夷七之二四。 |
| | 明道二年（1033） | 10月 | 21日 | 注輦 | 真珠、象牙。 | 《宋會要》蕃夷七之二四～二五。《宋史》卷四八九。 |
| | 景祐二年（1035） | 5月 | 13日 | 交州 | 金沙、銀沙、羅、象牙、犀角、大絹、紬布。 | 《宋會要》蕃夷七之二五。 |
| | 四年（1037） | 正月 | 9日 | 龜茲 | 花蕊布、葛、硇砂、玉。 | 《宋會要》蕃夷七之二五。 |
| | | | | 沙州 | 玉、褐、綠、花蕊布、琥珀、硇砂、黃礬。 | 《宋會要》蕃夷七之二五。 |
| | 康定二年（1041） | 1正月 | 15日 | 北亭 | 玉、硇砂。 | 《宋會要》蕃夷七之二六。 |
| | 慶曆二年（1042） | 5月 | 22日 | 唃嘶囉 | 硇砂。 | 《宋會要》蕃夷七之二六。 |
| | | 1正月 | 17日 | 占城 | 象牙、犀角。 | 《宋會要》蕃夷七之二六。 |
| 宗 | 四年（1044） | | | 邛部川蠻 | 犀。 | 《宋史》卷四九六。 |
| | 五年（1045） | 正月 | 21日 | （施州）溪峒蠻 | 土布。 | 《宋會要》蕃夷七之二六。 |
| | | 1正月 | 17日 | 西南蕃（宜州） | 朱砂、銀。 | 《宋會要》蕃夷七之二六。 |
| | 皇祐二年（1050） | 正月 | 12日 | 西南蕃 | 硃砂、銀。 | 《宋會要》蕃夷五之二二；七之二八。 |
| | | | | 占城 | 象牙、犀角。 | 《宋史》卷四八九。 |
| | | 4月 | 8日 | 沙州 | 玉。 | 《宋會要》蕃夷七之二八。 |
| | 五年（1053） | 4月 | 4日 | 占城 | 象牙、犀角、玳瑁、翠毛。 | 《宋會要》蕃夷七之二九。 |
| 英宗 | 治平四年（1067） | 7月 | 8日 | 西南蕃 | 朱砂。 | 《宋會要》蕃夷七之三一。 |
| | | 12月 | 12日 | 西南蕃 | 銀、朱砂。 | 《宋會要》蕃夷七之三一。 |

| | | | | | | |
|---|---|---|---|---|---|---|
| 神 | 熙寧元年（1068） | 正月 | 21日 | 西南蕃 | 朱砂。 | 《宋會要》蕃夷五之二三；七之三一。 |
| | 三年（1070） | 6月 | 17日 | 西南蕃 | 朱砂。 | 《宋會要》蕃夷七之三一。 |
| | | 12月 | 24日 | 大食 | 珊瑚、金、象牙。 | 《宋會要》蕃夷七之三一～三二。 |
| | 四年（1071） | 2月 | 14日 | 于闐 | 珠玉、珊瑚、翡翠、象牙、琥珀、花蕊布、硇砂。 | 《宋會要》蕃夷七之三二。 |
| | | 7月 | 5日 | 層檀 | 眞珠、猛火油。 | 《宋會要》蕃夷七之三二。 |
| | | 8月 | 1日 | 高麗 | 布、紗、紙、墨。 | 《宋會要》蕃夷七之三二。 |
| | 五年（1072） | 2月 | 2日 | 龜茲 | 玉、象牙、翡翠、花蕊布、宿綾、硇砂。 | 《宋會要》蕃夷七之三二。 |
| | | | 5日 | 大食 | 眞珠、通犀、珊瑚、猛火油、越諾布、花蕊布、兠錦。 | 《宋會要》蕃夷七之三二。 |
| | | 10月 | 22日 | 日本 | 白琉璃、琥珀、紫檀、青色織物、綾。 | 《宋會要》蕃夷七之三三。 |
| | | 12月 | 26日 | 于闐 | 玉、胡錦、花蕊布。 | 《宋會要》蕃夷七之三三。 |
| | 六年（1073） | 7月 | 3日 | 大食 | 眞珠、玻璃、象牙。 | 《宋會要》蕃夷七之三三。 |
| | | | | 西南夷（五姓蠻） | 丹砂。 | 《宋史》卷四九六。 |
| | 七年（1074） | 正月 | 26日 | 高麗 | 紙、墨、紗、綾、布。 | 《宋會要》蕃夷七之三三。 |
| | | 2月 | 3日 | 于闐 | 玉、水銀、硇砂、琥珀。 | 《宋會要》蕃夷七之三三。 |
| | 九年（1076） | 1正月 | 21日 | 高麗 | 綾、紗、紙、墨、布。 | 《宋會要》蕃夷七之三三。 |
| 宗 | 十年（1077） | 4月 | 8日 | 于闐 | 玉、胡錦、翡翠、琥珀。 | 《宋會要》蕃夷七之三三～三四。 |
| | | 6月 | 7日 | 注輦 | 眞珠、通犀、象牙、金線織錦。 | 《宋會要》蕃夷七之三四。 |
| | | 12月 | 12日 | 西蕃（董氈） | 眞珠、象牙、玉石。 | 《宋會要》蕃夷六之一三。《宋史》卷四九二。 |
| | 元豐四年（1081） | 10月 | 己未 | 拂菻 | 珠。 | 《長編》卷三一七。 |
| | 五年（1082） | 6月 | 22日 | 交趾 | 犀角、象牙。 | 《宋會要》蕃夷七之三七。 |

| | | | | | | |
|---|---|---|---|---|---|---|
| 哲宗 | 元祐三年（1088） | 12月 | 12日 | 三佛齊 | 眞珠。 | 《宋會要》蕃夷七之三九～四○。 |
| | 四年（1089） | 5月 | 丁酉 | 于闐 | 珠玉、象牙、珊瑚。 | 《長編》卷四二八。 |
| | | 1正月 | 辛卯 | （大食）麻囉拔 | 錦布、象牙、琉璃。 | 《長編》卷四三五。 |
| 徽宗 | 政和八年（1118） | 9月 | | 女眞 | 北珠、生金、貂革。 | 《宋會要》蕃夷七之四五。 |
| 高宗 | 建炎三年（1129） | | | 大食 | 寶玉、珠貝。 | 《宋史》卷四九○。 |
| | 紹興元年（1131） | | | 大食 | 文犀、象齒。 | 《宋史》卷四九○。 |
| | 二年（1132） | 閏4月 | 3日 | 高麗 | 紙、絲、綾、羅、布。 | 《宋會要》蕃夷七之四五。 |
| | | | | 占城 | 犀、象、玳瑁。 | 《宋史》卷一一九。 |
| | 七年（1137） | | | 三佛齊 | 南珠、象牙、珊瑚、琉璃。 | 《宋史》卷一一九。 |
| | 二十五年（1155） | 1正月 | 14日 | 占城 | 犀角、象牙、翠羽、玳瑁。 | 《要錄》卷一七○。 |
| | 二十六年（1156） | 正月 | 14日 | 交趾 | 眞珠、翠毛、綾、絹。 | 《宋會要》蕃夷七之四七。 |
| | | 8月 | 11日 | 交趾 | 明珠、翠羽、雜色綾、絹。 | 《要錄》卷一七四。 |
| | | 12月 | 25日 | 三佛齊 | 眞珠、珊瑚、犀角、琉璃、番布、象牙。 | 《宋會要》蕃夷七之四八。 |
| | 二十七年（1157） | 2月 | 丙戌 | 交趾 | 翠羽。 | 《皇宋十朝綱要》卷二五。 |
| | | 3月 | 丁亥 | 交趾 | 翠羽。 | 《宋史》卷三一。 |
| 孝宗 | 隆興二年（1164） | | | 交趾 | 金、銀、象牙。 | 《宋史》卷四八八。 |
| | 淳熙五年（1178） | 正月 | 6日 | 三佛齊 | 眞珠、珊瑚、瑠琉、梔子花、象牙、玳瑁、貓兒睛。 | 《宋會要》蕃夷七之五五～五六。 |
| 寧宗 | 慶元六年（1200） | 8月 | 14日 | 眞里富 | 象牙、犀角、土布。 | 《宋會要》蕃夷四之九九～一○○。 |
| | 嘉泰二年（1202） | 9月 | 12日 | 眞里富 | 兜錦、象衣大布。 | 《宋會要》蕃夷四之一○○。 |
| | 開禧元年（1205） | 8月 | 23日 | 眞里富 | 象牙、犀角。 | 《宋會要》蕃夷四之一○○。 |

<table>
<tr><td rowspan="3">說明</td><td>一、本表依年代先後為序，就其相關史料，以次列入。</td></tr>
<tr><td>二、本表主要史料來源有五：《長編》、《要錄》、《宋會要》、《皇宋十朝綱要》、《宋史》等書；其餘則暫從略。</td></tr>
<tr><td>三、本表「物料種類」欄，僅錄貢品與官府工場有關者；其無關者，或嘗進貢而無貢品細目者，均暫從略。</td></tr>
</table>

綜觀上表，可知宋代官府工場物料之得自進貢者，（一）若就種類言，可略分為六，曰布帛、犀象珠玉、礦產、毛皮、染料及其他等。其中布帛類凡四十一品為最多，曰布十三品：白氎布、越諾（緤）布、白越諾布、錦布、絞布、吉貝織雜色絞布、花布、花蕊布、溪布、紬布、土布、蕃布、布等；錦六品：錦段、花錦、五色雜花蕃錦、蕃（胡）錦、兜錦、金線織錦等；褐四品：毛褐、茸褐、斜褐、褐等；羅二品：毛羅、羅等；絹二品：大絹、絹等；絞二品：綉花銷金絲絞、雜色絲絞等；絲二品：綉絲、紅絲等；綾二品：宿綾、綾等；其餘如紬、碧黃綿、哥縵、紅絲吉貝、青色織物、紵、葛、紗等，則各皆一品。除布帛類外，其餘各類則依次為，犀象珠玉類十六品，曰犀角、象牙、琥珀、珊瑚、玳瑁、珍（眞、明）珠、北珠、南珠、玉、白玉、黑玉、珠玉、玉版、貝、翡翠，及貓兒睛等；礦產類十四品，曰硇砂、丹（朱、硃）砂、水銀、水晶、石英、西天烽鐵、賓鐵、鍮、鑞、金、銀、金沙、生金，及琉璃等；皮毛類十品，曰虎皮、豹皮、貂鼠皮、青鼠皮、獭皮、染皮、雀尾、翠羽、犛牛尾（紅、白），及紅駝毛等；染料類五品，曰紫草、蘇木、黃礬、綠，及梔子花等；至於其他，則有七品，曰蠟、黃蠟、漆、猛火油、紙、墨，及紫檀等。上述諸物料，（二）若就進貢國言，計凡二十有二，曰高麗、日本、女眞、交趾（越南北部）、占城（越南中部）、蒲端（緬甸）、三佛齊（唐稱室利佛逝，位蘇門答臘島）、勃泥（婆羅洲）、闍婆（爪哇）、丹眉流、眞里富（上二國皆在馬來西亞半島）、甘州（甘肅張掖）、瓜州（甘肅安西）、沙州（甘肅安西西至新疆吐魯番）、于闐（新疆和闐）、龜茲（新疆庫車、沙雅間）、回鶻（新疆南部）、注輦（印度南部）、大食、麻囉拔、層檀（上三國位在阿拉伯半島），及拂菻（東羅馬帝國）等；此外，如西蕃之唃嘶囉、董氊，與西南諸蠻夷等，亦皆時有進貢。按：上表所作統計，難免多有疏漏，然已可見出，遐方異域，珍奇特產，品目滋多，皆可提供官府工場，造作高級精緻物品之用。

# 第二節　稅　物

有宋稅法，可以大別爲三，曰賦稅、商稅與山澤之利。三者各有征收對象及準則，所收則分現錢、本色兩種。其中本色者，指各類物品，以其項目繁多，本文稱之「稅物」，是亦爲官府工場物料之間接來源。稅物如充作官府工場物料，其經度單位，元豐改官制前爲三司，〔註8〕改官制後爲戶部；〔註9〕必得三司或戶部「看詳檢覆」，始得「度實給用」。〔註10〕茲再分述之。

## 一、賦　稅

賦稅者，賦民之稅也。宋代賦稅可分爲五：曰公田之賦，凡「田之在官，賦民耕而收其租者」屬之；曰民田之賦，凡「百姓各得專之者」屬之；曰城郭之賦，凡「宅稅、地稅」之類屬之；曰丁口之賦，凡「百姓歲輸身丁錢米」之類屬之；曰雜變之賦，凡「牛革蠶鹽」之類屬之。〔註11〕其中公田之賦，即佃農之田租；民田之賦，即地主之農稅；城郭之賦，即城市居民之房、地稅；丁口之賦，即丁男之人頭稅；雜變之賦，即雜稅。是五種賦稅，因分於夏、秋二季輸納，故又稱之「二稅」。其諸州起納時限與所收稅物，則因氣候差異，地域有別，而各不同。〔註12〕

宋代賦稅所收稅物，約之可分穀、帛、金鐵與物產四類，每類又各有品目。茲據《宋會要》、《文獻通考》所載，〔註13〕條列如下，以明其要：

（一）穀之品七：一曰粟、二曰稻、三曰麥、四曰黍、五曰稷、六曰菽、七曰雜子。如細分之，則粟又有七：粟、小粟、梁、穀、穄床粟、秫、米；稻有四：秔米、糯米、水穀、旱稻；麥有七：小麥、大麥、粺麥、𪍿麥、青

---

〔註8〕　按：仁宗天聖元年，曾詔：「自今營造，三司度實給用。」至和元年，又詔：「繕修京師營舍，須實計功料，申三司。」皆可證。見《宋史》，卷九，「仁宗本紀」一，頁3下；《宋會要》，職官三〇之一六～一七。

〔註9〕　《宋會要》，食貨五一之三五～三六，引哲宗元祐四年戶部奏云：「自官制行，三司錢穀，分隸五曹，寺監皆得主行。官司既無邦計盈虛之責，各務取辦一時，不量戶部有無利害，橫賞百端。請令軍器、將作、少府、都水監、太府、光祿寺等處轄下，應申請創修、添修、計置、收買材料、錢物，改鑄錢料，興廢坑冶之類，並先由戶部看詳檢覆。內河防急切，申稟不及者，聽逐急應副；事畢，亦由戶部點檢。」可證。

〔註10〕　同上。

〔註11〕　《文獻通考》，卷四，〈田賦考〉四，頁57中～下。

〔註12〕　《宋史》，卷一七四，〈食貨志〉上二，「賦稅」，頁6上～下。

〔註13〕　同上。《宋會要》，食貨七〇之一。

麥、白麥、蕎麥；黍有三：黍、蜀黍、稻黍；稷有三：稷、秫稷、穄稷；菽
十有六：豌豆、大豆、小豆、綠豆、紅豆、白豆、青豆、褐豆、赤豆、黃豆、
胡豆、落豆、元豆、蠶豆、巢豆、雜豆；雜子有九：芝麻子、床子、稗子、
黃麻子、蘇子、苜蓿子、荣子、荏子、草子。

（二）布帛絲綿之品十：一曰羅，二曰綾，三曰絹，四曰紗，五曰絁，
六曰紬，七曰雜折，八曰絲線，九曰綿，十曰布葛。

（三）金鐵之品四：一曰金，二曰銀，三曰鐵鑞，四曰銅、鐵錢。

（四）物產之品六：一曰六畜，二曰齒、革、翎毛，三曰茶、鹽，四曰
竹、木、麻、草、蒘、菜，五曰果、藥，油、紙、薪、炭、漆、蠟，六曰雜
物。若再細分之，則六畜又有三：馬、羊、豬；齒革翎毛有七：象皮、麋皮、
鹿皮、牛皮、狨毛、鵝翎、雜翎；竹有四：笋竹、箭幹竹、箬葉、蘆蓁；木
有三：桑、橘、楮皮；麻有五：青麻、白麻、黃麻、冬麻、苧麻；草有五：
紫蘇、藍草、紫草、紅花、雜草；蒘有四：草、稻草、穰草、茭草；油有三：
大油、桐油、魚油；紙有五：大灰紙、三鈔紙、蒘紙、小紙、皮紙；薪有三：
木柴、蒿柴、草柴；雜物有十：白楝、香桐子、麻鞋、版瓦、堵笪、瓷器、
苔蓴、麻翦、藍靛、草薦。

以上四類稅物，凡二十七品、一百二十四種，以物產六品、六十種為最
多，其次則依序為穀七品、四十九種，布帛絲綿十品、十種，金鐵四品、五
種。絕大多數，皆可充作官府工場造作物料。

除二稅外，宋代和買絹亦常與賦稅併為一談。和買絹之制，始自太宗時
三司判官馬元方所建議，於方春「民乏絕時，豫給縑錢貸之」，至夏秋「輸絹
於官」。〔註14〕和買絹本屬一種利民措施，故初時或行於一歲之間，或行於一
郡邑，並非常制。惟至神宗熙寧二年（1069），新法施行，令「諸路預給錢和
買紬絹」，〔註15〕和買絹遂成為常賦之一。如張方平即曾云：

> 以一陳州言之，……夏秋二稅，凡斛斗一十五萬八千有零石，正稅
> 並和買紬絹三萬有零疋，絲綿四萬九千有零兩，此常賦也。〔註16〕

可證，和買絹所收，不外紬、絹、絲、綿之類，是亦可供官府工場造作之物

〔註14〕 范鎮《東齋記事補遺》，頁2下～3上。（筆記小說大觀十六編第一冊，文明刊
歷代善本，臺北：新興書局，民國66年3月）
〔註15〕 《皇宋十朝綱要》卷九，「神宗熙寧二年十二月」條。
〔註16〕 張方平《樂全集》，卷二五，〈論免役錢箚子〉，頁26下～27上。（四庫全書珍
本初集，文淵閣本，臺北：臺灣商務印書館，民國58～59年）

料。〔註17〕

## 二、商　稅

　　商稅者，征商之稅也，亦即關市之稅。而所謂關者，往來交通之孔道也；市者，商業行為發生之地點也。故關市之稅，據《文獻通考》云：

　　　　凡布帛、什器、香藥、寶貨、羊彘，民間典賣田莊、店宅、馬、牛、
　　　　驢、騾、橐馳，及商人販茶鹽，皆算。〔註18〕

知其並不僅於商人買販；大凡各類物品，乃至民間典賣，只要有交易行為發生，必皆征算。

　　商稅之於宋代，可分對內、對外兩種：對內有過稅與住稅〔註19〕之收，對外有市舶之征。

　　宋代過稅、住稅，均以現錢為主，惟遇有官須，亦「抽解」稅物；其稅率並無常制，稅物亦因地宜而不同。〔註20〕過稅、住稅之主管機構，京師有都商稅院，府州軍有都商稅務，縣鎮鄉關則有場或務。〔註21〕按：宋代過稅、住稅抽解稅物，徵諸史實，以竹木類為最普遍。宋且專設竹木務與簾箔場，隸將作監，負抽算竹木、簾箔之責，以給內外之用。已詳前。其中北宋竹木務，設於開封之西，汴河上鏃之東南，掌受陝西水運竹木、南方竹索，及抽算「黃、汴河商販竹木」，故又稱東西抽稅竹木務。〔註22〕南宋則除臨安設竹木務外，兩浙路諸府州軍，亦皆抽解竹木；〔註23〕其抽解以十分為率，撥支二、三分，付發運司，俾供打造船隻之用。〔註24〕

　　宋代對外市舶之征，由市舶司（務）總其責，市舶司多設置於沿海如廣州、

---

〔註17〕按：和買絹演變至高宗建炎三年，於兩浙路首先征收「和買折帛錢」，乃成為賦稅。參見趙葆寓〈宋朝的和買演變為賦稅的歷史過程〉，《社會科學戰線》，歷史學，第二期，頁131～136，民國71年出版。

〔註18〕《文獻通考》，卷一四，〈征榷考〉一，「征商」，頁145中。

〔註19〕同上。按：行者齎貨，謂之過稅；居者市鬻，謂之住稅。其稅率，前者約每千錢算二十；後者約每千錢算三十。

〔註20〕同上。

〔註21〕參見宋晞〈宋代的商稅網〉，《宋史研究論叢》第一輯，頁30～64。（臺北：中國文化大學出版部，民國69年2月）

〔註22〕《宋會要》，食貨五五之一三。

〔註23〕同前書，職官四二之五四，食貨五〇之一一～一二。

〔註24〕同上。另據樓鑰《攻媿集》，卷二一，〈奏議〉，〈乞罷溫州船場〉載，溫州船場曾抽解材木，以供造船之用。（四部叢刊初編集部，聚珍本，臺北：臺灣商務印書館，民國54年8月）

杭州、明州（浙江鄞縣）、上海、泉州（福建晉江）、密州（山東諸城）、秀州（浙江嘉興）等通商口岸；其通商對象，則有日本、高麗、與南海諸國等。市舶司從事市舶之征，以抽解舶貨爲主；〔註25〕凡舶至，則與帥漕監官「菈閱其貨而征之」。〔註26〕其抽解準則大抵可分爲二：其一，視貨品定粗、細二色，科率亦不一：如《宋會要》職官四四之一九，載高宗紹興六年（1136）戶部奏：

> ……乞今後蕃商販到諸雜香藥，……其抽解將細色直錢之物，依法十分抽解一分，其餘粗色，並以十五分抽解一分。

凡細色十分抽解一分，粗色十五分抽解一分。其二，依官司需要而抽解：如《寶慶四明志》卷六，市舶條云：

> 抽解之時，各人物貨分作一十五分，舶務抽一分，起發上供；綱首抽一分，爲船腳靡費；本府（慶元府）又抽三分，低價和買；兩倅廳各抽一分，低價和買；共已取其七分。至給還客旅之時，止有其八，則幾于五分取其二分。

物貨十五分中，自市舶司起，至兩倅廳止，共抽解七分。按：實則兩宋市舶抽解，常因時地之不同，準則亦不一；其最低有十九分取一者，最高有十分取四者，至一般則多爲十分取一。〔註27〕

至於市舶抽解種類，除乳香及牛皮筋角堪造軍器物，須由官盡行抽解博買外：〔註28〕據高宗紹興三年（1133），戶部立定起發物，竟達百餘種之多。〔註29〕其中除香藥占最大宗外，其餘約可分爲三類，曰珍異物品類，凡十品：金、銀、眞珠、玉、象牙、琉璃、珊瑚、上、中、下螺犀；曰染料類，凡六品：朱砂、石碌、南蕃蘇木、高州蘇木、海南蘇木、紅花；曰布帛類，凡十品：蕃顯布、海南碁盤布、海南吉貝布、海南青花碁盤皮單、海南白布、海南白布皮單、青碁盤布、紬、毛絕布、高麗小布。則是些抽解物，必可供官府工場造作之用。

## 三、山澤之利

山澤之利者，由山澤產出物所得之利也；舉凡金、銀、銅、鐵、鉛、錫、

〔註25〕參見石文濟《宋代市舶司的設置與職權》，第四章，〈宋代市舶司的職權〉，頁76～123。（中國文化大學史學研究所碩士論文，民國54年5月）

〔註26〕朱彧《萍洲可談》，卷二，頁1上～下。（筆記小說大觀十九編第三冊，文明刊歷代善本，臺北：新興書局，民國66年8月）

〔註27〕《宋會要》，職官四二之五四，食貨五〇之一一～一二。

〔註28〕同前書，職官四四之一七。

〔註29〕同前書，職官四四之一七～一八。

茶、鹽、香、礬皆屬之。〔註 30〕山澤之利，多數皆可充作官府工場物料，如銅、鐵除供鑄錢外，鐵可製器（農具、鹽鍋……等）及兵胄、戰艦、釘、錨、橋梁、馬車……等，銅可製鏡及量衡，又如金、銀可打造飾物，鉛可製粉；其餘則不必盡舉。〔註 31〕故其坑冶場務，實具雙重功能：既爲採掘提煉礦物之所，又爲提供相關工業物料之場。

宋代坑冶場務，可分官營與官監民營兩種。已見前。其官監民營者，歲課凡以十分爲率，官抽二分；〔註 32〕其中金、銀以兩計，銅、鐵、鉛、錫以斤計。〔註 33〕惟山澤之利，有時而已，經久輒竭，故場務既興廢不常，歲課亦隨之增損云。

# 第三節　收　購

宋代官府工場所需物料，除前述取自貢品、稅物二法外，亦有出錢購自民間者，本文謂之「收購」；而其正式名目，則多稱科率、科市、科買、和買或和市。宋代收購之制，始自立國之初，依各州「風土所宜」，及「民產厚薄」科率之。〔註 34〕惟太祖、太宗爲恐收購擾民，曾先後下詔諸州，「約支二年之用」，不得廣有科市；〔註 35〕「非風土所出」，「課民轉市他處」者，當議均減。〔註 36〕蓋此二詔，即此後官府收購物料之基本原則。且於收購時，或撥現錢，以充其費；或先收購，再降實物。

宋代收購之制，其總領機構，元豐改官制前爲三司，改官制後爲戶部、太府寺；其執行單位，則京師爲雜買務，地方爲發運司、轉運司、提舉司或州縣長貳。此其中雜買務者，專司和市百物，以時供納「宮禁、官府所須」。〔註 37〕雜買務原稱市買司，於太宗太平興國四年（979）改名；至道年間（995～997），

---

〔註 30〕《樂全集》，卷二五，〈論免役錢箚子〉，頁 25 下。

〔註 31〕參見羅伯・哈特威爾（Robert Hartwell）著、宋晞譯，〈北宋的煤鐵革命〉，《新思潮》，第九十二期，頁 22～25。（民國 51 年 3 月）

〔註 32〕《長編》，卷三七五，「哲宗元祐元年夏四月乙巳」條；《朝野雜記》，卷一六，〈財賦〉三，金銀阬冶，頁 7 下～8 上。

〔註 33〕《宋史》，卷一八五，〈食貨志〉下五，「阬冶」，頁 12 下。

〔註 34〕《文獻通考》，卷二○，〈市糴考〉一，頁 195 中～下。

〔註 35〕《長編》，卷一一，「太祖開寶三年夏四月己卯」條。

〔註 36〕同註 34。

〔註 37〕《宋會要》，職官二七之二～三。

一度廢罷；至眞宗咸平年間（998～1003）復置。〔註38〕其統領機構則初爲三司；神宗熙寧五年（1072），改隸提舉市易務；元豐官制行後，又改隸太府寺。〔註39〕雜買務所需物料，多向行鋪購買，且據太宗太平興國八年（983）詔云：

> 內外諸司庫務，及內東門諸處造作，如官庫內有物，不得更下行收市；應要物，委三司職官常預計度。若急須物色，官庫內無，即於出產處收市；若不及，即從三司下雜買務收買。即不得直下行鋪。如違，許諸色人陳告，監官劾罪嚴斷。〔註40〕

知其係諸司急須物料，於出產處收市不及時，惟一准向行鋪收市之單位。〔註41〕至於一般發運司、轉運司、提舉司及州縣長貳，所以分負收買物料之責，以其據地利之便，易於經畫故也。

宋代收購之制，雖有其基本原則，有其總領機構與執行單位，其實施細節，卻每隨物料之不同而不同。茲爲便於明晰，謹條列爲製衣物料，珍異物料，軍器物料，鑄鎬物料，造船物料，營繕物料染料及其他等八項，分述於后。

## 一、製衣物料

宋代官府工場所需製衣物料、除來自貢品、稅物外，亦每多收購自民間者。惟其種類既不一，和市亦無常，但視所需，隨時訂定。如太宗太平興國七年（982），曾詔：

> 應劍南、東西川、峽路，從前官市及織錦、綺、鹿胎、透背、六銖、欹正、龜殼等，宜令諸州，自今只織買綾、羅、紬、絹、絁、布、木綿等，餘悉罷去。〔註42〕

即爲顯著之例。官府收購製衣物料時，每以緡錢或度牒給直：前者如眞宗天禧二年（1018），雜買務收買匹帛，白絁每匹二千二百文，皂絁二千八百文；

---

〔註38〕 《文獻通考》，卷六○，〈職官考〉十四，「六院四轄」，頁549下。
〔註39〕 《長編》，卷二三五，「神宗熙寧五年秋七月辛卯」條。
〔註40〕 《宋會要》，食貨六四之四○。
〔註41〕 按：行鋪係宋代民間商業組織，百物各業皆有之，有如今之同業公會。行鋪組織嚴密，各有其特殊服飾、暗記，負保護同行、壟斷利益之責。行鋪亦爲官府與一般商賈間之橋梁，故凡官府有所需求，多透過雜買務，由行鋪負責祗應。又按：神宗熙寧六年（1073），嘗行免行錢法，各行但納免行錢，免負祗應之責；其免行人戶，則由都提舉在京市易司統轄。見《長編》，卷二四四，「神宗熙寧六年夏四月庚辰」條；《宋會要》，職官二七之三七。
〔註42〕 《宋會要》，食貨三七之二。

〔註43〕後者如徽宗宣和三年（1121），後苑造作生活所「以度牒下兩浙、淮南等路」，收買紗、帛。〔註44〕除一般製衣物料外，官府亦收購皮裘物料，如南宋高宗紹興十三年（1143），禮部奏：

> 將作監（？）收買黑羊皮，製造大裘。緣江浙即（既）非出產，欲依元祐故事，隨宜權用黑繒爲裘。〔註45〕

蓋據此，雖以黑繒替代黑羊皮，已可推知江浙地區以外，必有官府收購皮裘者。

## 二、珍異物料

珍異物料指犀象珠玉等，以其產量稀少，或來自外邦，故之。〔註46〕珍異物料之來自外邦者，多靠海舶轉運，故海舶所載，除由市舶可抽解，已詳前外，凡屬珍異物料，必再經部分或全部博買，俾一面提供官府工場造作之用，一面兼收營利禁榷之效。〔註47〕宋代珍異物料禁榷之時及品類不一，如太宗太平興國七年凡有八，曰瑇瑁、牙、犀、賓鐵、氈皮、珊瑚、瑪瑙、乳香等。〔註48〕至未經禁榷，而經博買者，其博買率亦皆不同：一般多以十之五爲準，少則十之三，多則十之六。〔註49〕且博買之餘，凡官府工場一時造作所需，復可買自於民，如仁宗景祐元年（1034），三司言後苑作市瑇瑁、龜筒，民有逾期不輸者，仁宗因詔二者皆屬禁物，「安可復市於民」，罷造作。〔註50〕即爲一例。

## 三、軍器物料

軍器物料指牛皮、筋、角、弓弩材料、箭幹、鎗幹、膠、鰾、翎毛，及漆、蠟等，除於市舶貿易中，盡行抽解博買外，〔註51〕餘皆買自於民，故有

---

〔註43〕同前書，食貨五五之一七。
〔註44〕同前書，職官三六之七五～七六。
〔註45〕同前書，禮四之八〇。
〔註46〕按：廣南東、西路產有真珠。
〔註47〕同註25。
〔註48〕《宋會要》，職官四四之二。
〔註49〕如南宋孝宗隆興二年（1164），博買率爲犀象四分，真珠六分。即爲一例。見《宋會要》，職官四四之二七。
〔註50〕《長編》，卷一一四，「仁宗景祐元年閏六月壬午」條。
〔註51〕《宋會要》，職官四四之一七云：「（紹興三年）十二月十七日，戶部言：勘會三路市舶，除依條抽解外，蕃商販到乳香一色，及牛皮、筋角堪造軍器之物，自當盡行博買。」

泛拋、拋買等名。〔註52〕宋代對民間軍器物料管制甚嚴，而官府收購之法可分為二，曰入官法、通商法。入官法者，指民間凡有牛死，其皮、筋、角等，必須一律中賣入官，分三等支給錢物；有不中等者，始退還之。〔註53〕通商法者，指客旅自由商販，由官置場收買。〔註54〕蓋上述二法，仁宗皇祐（1049～1053）之前，多行入官法；皇祐之後，則行通商法。此後神宗熙寧九年（1076），嘗一度欲復入官法，以賈人郭永上言力爭，未見實施。〔註55〕至於官府收購軍器物料所需本錢，則多為現錢〔註56〕或絹、度牒〔註57〕等；南宋時，亦有支降會子變折者。〔註58〕

## 四、鑄鍊物料

鑄鍊物料指金、銀、銅、鐵、鉛、錫，及炭等，多出自坑冶場務。故宋代坑冶場務之官監民營者，其歲出除官府抽分，已見前外，其餘亦常中賣入官；其入官比率以十之三為準，〔註59〕惟亦有多至十之四或全數者。〔註60〕

〔註52〕 范仲淹《范文正公集》，〈政府奏議〉卷上，〈奏為置官專管每年上供并軍須雜物〉，頁187上～下。（四部叢刊初編集部，元刊本，臺北：臺灣商務印書館，民國54年8月）

〔註53〕 《歐陽文忠公文集》，卷一一七，〈河北奉使奏草〉卷上，〈乞放行牛皮膠鰾〉，頁920下～921上。按：南宋孝宗時，亦許商人徑赴御前軍器所中賣。見《宋會要》，職官一六之一六～一七。

〔註54〕 同上。

〔註55〕 按：賈人郭永曾於熙寧九年，上言通商之利。見《長編》，卷二七四，「神宗熙寧九年夏四月庚戌」條。又《宋史》，卷三三四，「沈起傳」，頁7下，曾載其任湖南轉運使時，「凡羽毛、筋革、舟楫、竹箭之材，多出所部，取於民無制；……，自與商人貿易，所省什六七」。

〔註56〕 按：此類史料，散見頗多，茲舉其一二，以見一斑。《長編》，卷三〇二，「神宗元豐三年正月己巳」條：「吉州言：『奉詔市箭笴三十萬，……乞預給錢，限一年和市。』從之。」《要錄》，卷八七，「高宗紹興五年三月壬午」條，載侍御使張致遠言：「臣取紹興四年（1134）逐軍認造器甲考之，……度支細計歲內降給凡一百二十萬緡。」

〔註57〕 《長編》，卷二七七，「神宗熙寧九年八月乙酉」條云：「管勾軍器將作監買木宋述得旨，除絹外，給錢十萬緡。」卷二八九，「神宗元豐元年五月壬午」條云：「給太原府度僧牒二百，買軍器物料。」卷三四九，「神宗元豐七年冬十月戊寅」條云：「賜軍器監度僧牒千，市材料。」

〔註58〕 《宋會要》，職官一六之二〇云：「（孝宗乾道六年〔1170〕）九月六日，韓玉言：『今來見行打造三色鐵甲，……一石力手射弓，合用黃牛角，并黃牛皮等物料，……乞支降會子，每一十萬貫為一料。』詔並依，令左藏南庫支撥會子。」

〔註59〕 同註32。

至於官府收購鑄鎬物料所需本錢，多由轉運司、提舉司措置，〔註61〕支給錢、帛或度牒等。〔註62〕其中現錢支給，有以鑄錢監錢撥充者，亦有專設便錢務籌措者。蓋前者如神宗熙寧三年（1070），惠州（廣東惠陽）阜民監錢，專給韶州（廣東曲江）岑水場買銅之費；〔註63〕哲宗元祐元年（1086），韶州永通監錢，專給泰興等銅場之費。〔註64〕後者如眞宗天禧五年（1021），置便錢務於江浙，聽民納錢，以給建州（福建建甌）龍焙監通德銅場市銅之費。〔註65〕

## 五、造船物料

宋代官府工場造船，基於情勢所需，南宋較北宋發達（參見表二），而其造船物料，除木材外，鐵、炭、灰油、〔註66〕桐油、赤藤，及麻皮〔註67〕等，亦皆屬之。其中若專就木材言，以大段檀木（即枋木）爲佳，〔註68〕故均挑選嚴格，一不堪用，即別行收購。如寧宗嘉泰四年（1204），建康都統制司以「買到戰船木植，細小不堪使用」，又別差官將，帶錢物前往上江，和市「大徑寸迭料木植」，歸司打造。〔註69〕即爲顯例。官府收購造船物料所需本錢，多爲現錢、度牒、會子與金等。其中現錢多由上供錢或封樁庫錢撥給，如神宗元豐六年（1083），從三門白波提舉輦運司請，令陝西轉運司支撥「阜財監上供錢萬緡」，遣官「於鄠州市木」，打造船隻；〔註70〕又如孝宗乾道四年（1168），支撥封樁現錢十萬緡，付沿江水軍制置司，擇買良材，打造戰船。〔註71〕至於以度牒充作收購物料本錢，則其值常隨時間而不一，且時間愈後，

〔註60〕《長編》，卷三八九，「哲宗元祐元年十月丙申」條。

〔註61〕《宋史》，卷一八五，〈食貨志〉下七，「阮冶」，頁19上。

〔註62〕《長編》，卷二一三，「神宗熙寧三年秋七月辛丑」條云：「發運使薛向等，請出上供錢帛二十萬貫匹，買岑水場銅、鉛四百餘萬斤，運至陝西增鑄錢百萬餘緡，以備邊計也。」卷二七八，「神宗熙寧九年冬十月丙午」條云：「賜度僧牒千，付韶州岑水場買銅；又五百付廣南東路轉運司，買鉛、錫。」

〔註63〕同前書，卷二一四，「神宗熙寧三年八月辛巳」條。

〔註64〕同前書，卷三七八，「哲宗元祐元年五月癸酉」條。

〔註65〕同前書，卷九七，「眞宗天禧五年秋七月丙申」條。

〔註66〕《攻媿集》，卷二一，〈奏議〉，〈乞罷溫州船場〉，頁219下。

〔註67〕眞德秀《西山政訓》，頁5下。（筆記小說大觀四編第四冊，文明刊歷代善本，臺北：新興書局，民國63年7月）

〔註68〕按：檀木即枋木，宋時又以吉州產者最佳。見《宋會要》，食貨五〇之二～三。

〔註69〕《宋會要》，食貨五〇之三三。

〔註70〕《長編》，卷三三九，「神宗元豐六年九月戊申」條。

〔註71〕《宋會要》，食貨五〇之三四。

變折之值愈高。如高宗紹興四年（1134），支撥程昌禹、折彥質度牒各五百道，專充打造戰船之費，其變折之值，每道僅作一百二十貫文；〔註72〕至寧宗嘉定十四年（1221），支撥封樁庫度牒三十道付溫州（浙江永嘉），俾打造淮陰水軍海船，其變折之值，每道已作八百貫文；〔註73〕則短短五十四年，竟高漲六倍有餘，南宋財政之艱困，已可概見。

## 六、營繕物料

　　有宋營繕物料，以楠、桑、檀木等最居大宗。故每遇修建宮室，材植動以萬計時，有司必於產材密集處，或逕行採買，或先召人攬取結集，再置場收購；〔註74〕其收購本錢，則多為現錢、絹或度牒等。〔註75〕宋代官府收購材木，多集中於陝西、熙河路分，及汝州等處。其見諸史料者，如仁宗天聖八年（1030）建太一（乙）宮及洪福等院，計須材木九萬四千餘，三司「乞下陝西市之」；〔註76〕慶曆三年（1043），京師營繕需材木凡三十萬，三司請「下陝西轉運司收市之」；〔註77〕神宗元豐三年（1080），以熙河山林浩瀚，且多巨材，令都大經制熙河路邊防財用事李憲，「兼專切提舉本路採買木植」；〔註78〕翌年，以修尚書省，所需材木，令知汝州（河南臨汝）李承之，「於本（汝）州界採伐及買。」〔註79〕此外，如徽宗崇寧五年（1106），為肇建明堂，「下諸路和買材植、物料」，〔註80〕其收購區域，則似乎遍及天下。

## 七、染　料

　　宋代官府工場所用染料，除礬已見前外，其餘如紅花、紫草、青綠、朱紅等，需求量皆甚大，必須自民間收購，但民間亦往往供應不足。如仁宗慶曆二年（1042），三司歲市紅花、紫草各十萬斤，「民不能供」；〔註81〕神宗元

---

〔註72〕 同前書，食貨五〇之一六。
〔註73〕 同前書，食貨五〇之三四。
〔註74〕 《長編》，卷三三二，「神宗元豐六年春正月癸卯」條。
〔註75〕 同註57。《長編》，卷三四六，「神宗元豐七年六月壬辰」條云：「賜專一管勾製造軍器所度僧牒千五百，買木修置京城四御門，及諸甕城門。」
〔註76〕 同前書，卷一〇九，「仁宗天聖八年三月庚辰」條，頁5上～下。
〔註77〕 同前書，卷一三九，「仁宗慶曆三年春正月丙子」條，頁1下。
〔註78〕 同前書，卷三一〇，「神宗元豐三年十二月乙酉」條，頁15下～16上。
〔註79〕 同前書，卷三一六，「神宗元豐四年九月丙午」條，頁12上～13上。
〔註80〕 《長編拾補》，卷二六，「徽宗崇寧五年正月丙午」條。
〔註81〕 《長編》，卷一三五，「仁宗慶曆二年三月丙寅」條。

豐五年（1082），知安州（河北高陽東）滕甫奏：「內供奉謝禋奉旨買紅花萬斤，今又繼買五萬斤，而一州所產，止二萬斤耳，恐不足數。」〔註82〕同年，梓州（四川三台）又奏：「奉詔收買青綠彩色二千斤，已計綱起發，餘數見計收買。」〔註83〕有宋諸帝，爲恐勞民，遂常下令罷市；甚者，則如哲宗元符元年（1098）之詔：

> 今後官司應緣收買及造換修完出染之類物色，若不預行計料，申乞支撥收買，及將官庫現在之物，妄有退嫌，及有別色可以充代，而輒稱充代不行，經歷官司逗留行遣，并雜買務不依在市實直估價，及不依條出榜，召人減價，中直官吏並科杖一百，不以失減。〔註84〕

以科杖一百之重罰，務求節制用度，謹密收支。按：南宋高宗紹興四年，曾詔邵武軍（福建邵武）歲以上供錢，收購上色朱紅二十兩，差人押赴「行在左藏庫」。〔註85〕蓋欲以預貯之法，以備一時急須矣。

## 八、其　他

有宋官府工場所需物料，除上述七類多由民間收購外，舉凡印鈔、窰務、打造度牒，及釀酒等物料，亦常購自於民。茲再併爲一項分述之：

（一）印鈔：宋代印造鈔引、錢引，多由交引庫等單位負責，已詳前。其所需物料，如紙與墨等，則多自民間收購。紙之用量，如以紹興二年（1132）茶鹽鈔引爲例，每月約需「鈔紙三、二百張」，由交引庫「以料次收買應副」。〔註86〕墨之用量，若以七十四界錢引爲例，約需「三千二百八十五斤」。〔註87〕墨多自黎州（四川漢源）收購，惟據李石乞減科買墨煙箇子云：

> 日前每界所買墨，不過二千七百斤，往往買發不足，而今次所買，過於每界五百餘斤。……欲望……照舊科所買墨數，量行裁減，卻均數下諸州出墨去處，立爲中制，貴憑買發。〔註88〕

---

〔註82〕同前書，卷三二九，「神宗元豐五年八月癸亥」條。

〔註83〕同前書，卷三三一，「神宗元豐五年十二月己未」條。

〔註84〕同前書，卷四九四，「哲宗元符元年二月丙戌」條。

〔註85〕《宋會要》，食貨五一之二七。

〔註86〕同前書，職官二七之二七。

〔註87〕李石《方舟集》，卷七，奏議，〈乞減科買墨煙箇子〉，頁12下～13上。（四庫全書珍本初集，文淵閣本，臺北：臺灣商務印書館，民國58～59年）

〔註88〕同上。

知其買發「不過二千七百斤」，既不足應付，又徒增民困。李石因建議量行裁減，並立為中制，均敷於諸產墨州軍，共同收購云。

除印鈔用紙外，官府其他一般用紙，亦多經收購而來。如《宋會要》食貨三七之一○，載仁宗天聖四年（1026）司農少卿李湘奏：「河中府每年收買上京諸般紙約百餘萬。欲乞今後於河南出產州軍收買。」可知其時不惟用紙需要量大，且僅河中府（山西永濟）一處，即每歲需買百餘萬張之多。

（二）窯務：宋時在京窯務所需物料，一為窯柴，一為石炭，亦每多自民間收買。如神宗熙寧七年（1074），江陵府（湖北江陵）江陵縣尉陳康民奏：

> 相度南京、宿、亳收市窯柴。……勘會在京窯務所有柴數，于三年內取一年最多數，增成六十萬束，仍與石炭兼用。……石炭自于懷州九鼎渡武德縣收市。〔註89〕

知其每歲所用窯柴，約為六十萬束，多自南京（即應天府，河南商丘南）、宿（安徽宿縣）、亳（安徽亳縣）諸州收購；至於石炭數量雖不明，惟亦購自懷州（河南沁陽）九鼎渡武德縣。

（三）打造度牒：宋代度牒所用綾紙，多由文思院織造，而其織造所需紙箚、朱紅、麵及炭等物料，則多購自民間。其責限多由工部，其支降本錢則由戶部。〔註90〕

（四）釀酒：宋代酒務釀酒所需物料，如糯米、薪炭等，亦多自民間收購。如太宗太平興國初（976），京西轉運使程能置榷酒局署，即「以官錢市薪櫺」；〔註91〕又如漢陽軍（湖北漢陽）酒務，或由「務官自糴米，自造酒」；或由「本軍為之收糴糯米，務中納錢，出米造酒」。〔註92〕皆其顯例。

在收購之外，官府工場所需物料，亦有借充或收括自民間者。其中借充多指米麥，以供酒務釀酒之需；〔註93〕收括則多指銅器，以供鑄錢等用。借充或可於民無大害，收括則於民損失不貲，非治世之政。其見諸史料者，如南宋高宗紹興三十年（1160），提點江淮等路坑冶鑄錢李植奏：「紹興以來，……

---

〔註89〕《宋會要》，食貨五五之二一。

〔註90〕同前書，職官一三之四一。

〔註91〕《宋史》，卷一八五，〈食貨志〉下七，「酒」，頁1上。

〔註92〕黃榦《勉齋集》，卷三，〈公狀〉，〈申轉運司為客船匿稅及米價不同事〉，頁8上～10上。（四庫全書珍本二集，文淵閣本，臺北：臺灣商務印書館，民國60年）

〔註93〕《宋會要》，食貨二○之四。

拘到諸路銅器二百萬觔（斤），搭以鉛、錫，可鑄六十萬緡。」〔註94〕又如寧宗慶元三年（1197），復神泉監，以「所括銅器鑄當三大錢」。〔註95〕

# 第四節　自行生產

　　宋代官府工場所需物料，除間接由貢品、稅物中撥付，或直接自民間收購外，亦常藉自行生產直接取得。自行生產者，指由官府工場直接生產相關物料，以供造作。蓋此等物料工場，既爲造作機構，又爲提供物料單位，實具雙重功能。茲因本文第二章多已述及，今僅條具其名，不再複述。另有採造、採木、採柴務等，亦屬此類機構，試爲詳述之。

　　一、分布中央之官府物料工場：1、少府監下有三：綾錦院、染院與文繡院。2、將作監下有二：窰務、丹粉所。3、軍器監下有煎膠務。4、其他諸寺監：（1）司農寺下有二：都麴院與水磨務。（2）內侍省下有後苑燒朱所。

　　二、分布地方之官府物料工場：1、坑冶場務：包括金、銀、銅、鐵、鉛、錫、水銀、朱砂坑冶場務，及煉礬場。2、織造場。3、造紙局（所）。

　　三、採造務：採造務設於材植豐盛之區，專司採伐木植，以供造作之用。宋代採造務，稽諸史料，約有四處，曰西京（即河南府，河南洛陽）南山、鄭州（河南鄭縣）賈谷山、〔註96〕秦州（甘肅天水）夕陽鎮，及明州等；〔註97〕其中以秦州夕陽鎮最爲重要。秦州夕陽鎮，即古伏羌縣地，位處邊陲，與西夏相接，而盛產巨材，「森鬱綿亙，不知其極」，〔註98〕且「戎人久擅其利」。〔註99〕故太祖建隆二年（961），高防出知

---

〔註94〕　《要錄》，卷一八五，「高宗紹興三十年夏四月丙戌」條。

〔註95〕　《宋史》，卷一八○，〈食貨志〉下二，「錢幣」，頁24上。

〔註96〕　《宋會要》，刑法四之一三：「（仁宗天聖四年）二月，開封府言：檢會條貫，凡作賊、三犯徒、軍人不喫酒叫反，喫酒再犯，因與人相爭，忿叫萬歲，舊例決訖，並刺配商州坑冶務，及配西京南山、鄭州賈谷山採造務。近準詔，並權住配。」

〔註97〕　《宋史》，卷一八九，〈兵志〉三，廂兵，「步軍建隆以來之制」，「採造」，頁11上。

〔註98〕　釋文瑩《玉壺清話》，卷二，頁4下。（筆記小説大觀續編第三冊，文明刊歷代善本，臺北：新興書局，民國62年7月）

〔註99〕　《長編》，卷三，「太祖建隆三年六月辛卯」條。

秦州，建議置採造務，〔註100〕並闢地數百里，築堡據要害，戍卒三百人；以渭水爲界，北屬西夏，南隸有宋。蓋自是，「歲獲大木萬本，以給京師」，〔註101〕成爲官府工場材植之重要採造機構。

四、採木務：宋代採木務亦專司採伐木植。曾先後於秦州設立兩處：先在破他嶺，由楊懷忠籌置，惟以車乘往來艱苦，於眞宗大中祥符三年（1010）廢。其後樞密院事馬知節言，大小落門，巨材所出，且俯臨渭河，可乘舟楫之便，以免牽縴之勞。因又設立大小落門。〔註102〕

五、採柴務：有宋採柴務位於西京，不知設於何時。惟據《宋史》載：「（景祐二年〔1035〕）秋七月戊申，廢西京採柴務，以山材賦民，官取十之一。」〔註103〕知其專司採斫柴木，以供造作；故景祐二年，雖廢務任民採伐，官猶取十之一。

宋代官府自行生產物料之工場，除上述外，另有部分由官府直營之鑄錢監與茶苑，每因物產所在，直接設場造作，故其物料來源，亦可歸諸此類。茲舉鑄錢監爲例，說明之：

宋代鑄錢物料多來自坑冶，而以銅、鐵、鉛、錫最爲大宗，其鎔鑄比例，則每隨時地而不同。如太宗太平興國四年，饒州永平監歲鑄三十萬緡，凡「用銅八十五萬斤，鉛三十六萬斤，錫十六萬斤」；〔註104〕眞宗天禧三年（1019），鑄錢每緡「用銅三斤十兩，鉛一斤八兩，錫八兩」；〔註105〕徽宗崇寧四年（1105）鑄當十錢，每緡「用銅九斤七兩有奇，鉛半之，錫居三之一」。〔註106〕宋代鑄錢物料既多來自坑冶，故官府每就礦源興發處置監鑄錢。是即所謂「即山鼓鑄」也。按；是類史料，每多散見，茲謹條引一二，以見其要：（一）因銅冶置監鑄銅錢者：如仁宗慶曆八年（1048），以商州（陝西商縣）洛南縣紅崖山、虢州（河南靈寶）青水冶青銅，「置阜民、朱陽二監，以鑄錢」；〔註107〕以儀州（甘肅華亭）竹尖嶺黃銅，「置博濟監，鑄大錢」；〔註108〕以「韶州天興場

〔註100〕《宋史》，卷二七〇，「高防列傳」，頁9上。
〔註101〕同註97。
〔註102〕《長編》，卷七三，「眞宗大中祥符三年四月丙寅」條。
〔註103〕《宋史》，卷一〇，〈仁宗本紀〉二，頁7下～8上。
〔註104〕《長編》，卷二四，「太宗太平興國八年三月乙酉」條。
〔註105〕《文獻通考》，卷九，〈錢幣考〉二，頁94上。
〔註106〕《宋史》，卷一八〇，〈食貨志〉下二，「錢幣」，頁13上～下。
〔註107〕《長編》，卷一六四，「仁宗慶曆八年六月丙申」條。
〔註108〕同上。

銅大發，歲采二十五萬斤」，置「永通監」鑄錢。〔註109〕（二）因鐵冶置監鑄鐵錢者：如神宗元豐元年，以「萬州（四川萬縣）鐵礦甚多」，創置錢監；〔註110〕哲宗元祐七年（1092），以融（廣西融縣）、柳（廣西柳城）、鬱林（廣西鬱林）、廉（廣西合浦）、邕（廣西邕寧）等州，及全州（廣西全縣）灌陽縣產鐵甚多，「鼓鑄鐵折二錢」。〔註111〕（三）因其他礦冶置監鑄錢者：如梧州（廣西蒼梧）「以鉛、錫易得」，〔註112〕利州（四川廣元）「以山林多鐵炭」，〔註113〕饒（安徽歙縣）、信（江西上饒）、虔州（江西贛縣）以「山谷產銅、鉛、錫」，乃皆置監鑄錢。

　　此外，宋代官府工場中，亦有利用廢料，再製成品者。爲此，並於將作監下設有退材場，專爲收受此類物料之機構。說見前。按：宋代官府工場所以能廢料利用，實與太宗、眞宗兩朝有關，其目的則在彰示儉德，非僅止於經濟實效。如太宗淳化四年（993），有司請毀棄油衣、帟幕之「破損者數萬段」，「上令煮浣，染以雜色，刺爲旗幟數千」；〔註114〕同年，東窰務請以「退材供薪」，太宗則詔使臣閱視，「擇可爲什物者，作長牀數百」，分賜宰相、樞密、三司使。〔註115〕又如眞宗景德四年（1007）曾詔：

> 店宅務倒塌舍屋及損下退材，悉監官躬親點檢，還退材場，各堪供
> 使者，並徑量色額收數，不得充柴。如有合蓋造，即揀取供使；不
> 入料者，具數結罪申三司，方得撥充柴。〔註116〕

凡退材堪使用者，悉需「徑量色額收數」，以備「揀取供使」；其不堪使用者，始得撥充柴薪。

---

〔註109〕同前書，卷一六五，「仁宗慶曆八年九月癸亥」條。

〔註110〕同前書，卷三三五，「神宗元豐六年五月癸未」條。

〔註111〕同前書，卷四六九，「哲宗元祐七年春正月甲辰」條。

〔註112〕《宋史》，卷一八〇，〈食貨志〉下二，「錢幣」，頁8下。

〔註113〕《要錄》，卷一五四，「高宗紹興十五年秋七月戊申」條。

〔註114〕《長編》，卷三四，「太宗淳化四年二月戊子」條。

〔註115〕程俱《北山小集》，卷二八，〈進故事〉，頁9上～下。（四部叢刊續編集部，上海涵芬樓景本，臺北：臺灣商務印書館，民國65年6月）

〔註116〕《宋會要》，食貨五五之三。

# 第四章　官府工場之工匠來源及其待遇

　　宋代官府工場，組織龐大，分工精細，物料來源，堪謂豐富，惟以當時一切運作，多以手工爲主，工匠乃占舉足輕重之地位。本章茲試就其來源及待遇探討之。

## 第一節　工匠之來源

　　宋代官府工場所用工匠，動輒千百，諸色咸集。若論其主要來源，約可歸之爲三，即民間、軍中與罪犯。此外，因工作需要，官府工場亦有相互撥使者，屬抽調性質，當亦爲其來源之一。茲試分述之。

### 一、來自民間

　　宋代官府工場工匠，以來自民間者占最多數，亦最爲基本；其徵集方式，則以招募爲主，並另視緩急，輔之以麟差、抽括拘刷與調遣。

　　（一）招募：招募爲宋代官府工場徵集工匠主要方法之一。如岳珂《愧郯錄》云：「今世郡縣，官府營繕創締，募匠庀役。」〔註1〕所謂「募匠庀役」，即招募人匠，以備工役。茲爲求條理明晰，試先就史料，作一宋代官府工場招募民間工匠表（表九），俾再分析：

---

〔註1〕　《愧郯錄》，卷一三，「京師木工」條，頁3上。

## 表九：宋代官府工場招募民間工匠表

| 帝號 | 年代 | | 徵集名稱 | 徵集對象 | 徵集單位或工作 | 事由 | 徵引 | 備考 |
|---|---|---|---|---|---|---|---|---|
| | 年 | 月 | | | | | | |
| 太宗 | 淳化中（990～994） | | 募 | 工匠 | 鑄錢 | 趙安易嘗建議：以蜀地用鐵錢，準銅錢數倍，小民市易頗爲不便。請如劉備時，令西川鑄大錢，以十當百。……因募工鑄大錢百餘進之。 | 《宋史》卷二五六。 | |
| 眞宗 | 大中祥符四年（1011） | | 募 | | 鍊礬 | 坊州募人鍊礬。 | 《宋史》卷二九九。 | 薛顏傳並未載明年代，然有「祀汾陰」之語，故推知，應繫此年。 |
| 仁宗 | 天聖七年（1029） | | 募 | 飢民 | | 中書門下言：「戶房聞災傷路分募人工役，多不預先將合用人數告示，致飢民聚集，卻無合興工役。」 | 《宋會要》食貨六八之三八。 | |
| | 至和二年（1055） | | 募 | 工 | 鑄錢 | 詔三司，韶州岑水場銅大發，其令轉運司益募工鑄錢。 | 《長編》卷一七九。 | |
| 神宗 | 熙寧九年（1076） | 十月 | 添招 | 匠人 | 鑄錢 | 詔饒州鑄錢監添招匠人，歲增鑄錢二十萬緡，充信州買銀。 | 《長編》卷二七八。 | |
| | 元豐二年（1079） | 二月 | 募 | 民戶 | 作院 | 詔保州作院募民爲工匠。 | 《長編》卷二九六。 | |
| 哲宗 | 元祐元年（1086） | 四月 | 招 | 坑戶 | 鼓鑄 | 戶部尚書李常言：「岑水等場，自來出產銅鑛，最爲浩瀚。……務令招坑戶使銅利興發，……逐旋興復鼓鑄錢寶。」 | 《長編》卷三七六。 | |
| | 二年（1087） | 三月 | 和雇 | 民戶 | 興造土木 | 詔近年內外官司和雇百姓，劃刷廂軍，興造土木，少有休息。……宜權罷三年。 | 《長編》卷三九六。 | |

| | | | | | | | |
|---|---|---|---|---|---|---|---|
| | 四年<br>（1089） | 三月 | 和雇 | 工匠 | 修蓋<br>宮室 | 詔上清儲祥宮，依<br>圖修蓋，和雇工<br>匠。 | 《長編》卷四<br>二三。 | |
| | 元符元年<br>（1098） | 三月 | 雇 | | 文思院<br>等處 | 工部乞文思院等處<br>工作合雇人入役<br>者，具人數單于監<br>門官，點名放入。 | 《長編》卷四<br>九五。 | |
| 徽<br><br>宗 | 崇寧二年<br>（1104） | 二月 | 召募 | 私 鑄<br>人 | 鑄錢 | 左僕射蔡京奏：<br>「……今陜西河<br>中府等處，民間私<br>鑄最多，召募私鑄<br>人，令赴官充鑄錢<br>工匠。……」 | 《長編拾補》<br>卷二一。 | |
| | 三年<br>（1105） | 三月 | 招 | 工人 | 文繡院 | 置文繡院，招刺繡<br>工三百人。 | 《皇宋十朝綱<br>要》卷一六。 | |
| | 大觀元年<br>（1107） | 十一<br>月 | 招募 | | 都作院 | 時州升帥府，復置<br>都作院，以二百人<br>爲額，元額七十<br>人，習學十四人，<br>遂招募一百十六<br>人，共二百人爲一<br>指揮。 | 《淳熙三山<br>志》卷一八。 | |
| 高<br><br><br><br>宗 | 建炎三年<br>（1129） | 三月 | 募 | 公 私<br>匠人 | 造戎器 | 張浚請沿江要害<br>州軍置強弩營，造<br>州禁兵、縣弓手爲<br>之。仍專置軍器提<br>舉官，募公私匠<br>人，以除戎器。 | 《要錄》卷二<br>一。 | |
| | 紹興二十六年<br>（1156） | 十二<br>月 | 和雇 | 手 高<br>人匠 | 文思院 | 和雇手高人匠造<br>作生活。 | 《宋會要》職<br>官二九之三。 | |
| | 三十一年<br>（1161） | 五月 | 和雇 | 工匠 | 度牒庫 | 詔度牒庫依舊拘<br>收元減罷雕字匠<br>一名外，所有打<br>背、裁剪、碾研匠<br>更不招置，遇造<br>作，即行和雇。 | 《宋會要》職<br>官一四之四<br>〇。 | |
| 孝<br><br><br>宗 | 淳熙五年<br>（1178） | 閏 六<br>月 | 召募 | 坑戶 | 坑冶 | 提點江淮等路坑<br>冶鑄錢姚述堯，乞<br>行下諸州出產銅<br>坑見今興發處，委<br>通判召募人戶開<br>采，不得抑令坑戶<br>責認歲額。 | 《宋會要》食<br>貨三四之二<br>六。 | |
| | 九年<br>（1182） | 七月 | 和雇 | 作匠 | 文思院 | 文思院上界打造<br>金銀器皿，自來憑<br>作家和雇百姓作<br>匠造作。 | 《宋會要》職<br>官二九之五。 | |

| 說明 | 一、本表依年代先後為序，就其相關史料，以次列入。<br>二、本表主要史料來源有六：《長編》、《要錄》、《宋會要》、《皇宋十朝綱要》、《宋史》、《淳熙三山志》等書；其餘則暫從略。 |
|---|---|

綜觀上表，可知宋代官府工場招募民間工匠：（一）若就徵集名稱言，有名之為募、招、招（召）募、添招、和雇、雇者；其名雖異，其實則一。（二）若就徵集對象言，有工匠、坑戶與民戶等。其中工匠包括一般作匠、人匠，及手高匠人，坑戶包括私鑄人，民戶則包括飢民；且除飢民外，其餘多已具有相當專業知識或技術。（三）若就徵集單位或工作言，則單位有作院、都作院、文思院、文繡院、度牒庫等，工作有造戎器、鑄錢、鍊礬、坑冶、興造土木、修蓋宮室等。

　　（二）麟差：麟差又稱當行。「行」者，民間工商業組織也，始自於唐。〔註2〕至宋，則行戶除需應官府所需物料，已詳前外，凡官府工匠有關，皆需依平日所籍行戶姓名，以次輪差，故謂之「當行」。〔註3〕宋代麟差每隨時間而不同，如《長編》載元豐八年（1085）事云：

> 按在京諸色行戶，總六千四百有奇，免輪差官中祗應一年，共出緡
> 錢四萬三千三百有奇。數內約支二萬六千九百有奇，充和雇諸色行
> 人祗應等錢。……其在京免行錢盡行放罷，……諸色行人，自來差
> 付官中祗應人數，下開封府，並依舊條。〔註4〕

可知宋初麟差，多由在京諸色行戶輪流祗應，為期一年；神宗熙寧元豐之際，因行免行錢法，諸行戶免輪差，但出錢而已，以應官府自行和雇之費；迨哲宗踐祚後，以宣仁高太后垂簾，黜新法，罷免行錢法，諸行戶乃又需麟差祗應。此外，如徽宗政和四年（1114），文思院別置斗秤作，「收造斗秤行人，和雇製造」，〔註5〕則斯時諸行人除應麟差外，亦有應「和雇」之責者。除中央官府工場外，地方官府工場所需工匠，亦有來自麟差者。如哲宗元祐元年（1086），殿中侍御使呂陶上言十一事中，其第五事即為「乞減成都機織院小料綾綺，罷監官，免勾行人助工」，〔註6〕可知成都機織院（錦院）常勾差行人。

〔註2〕　參見加藤繁〈論唐宋時代的商業組織「行」並及清代的會館〉，《中國經濟史考證》，頁 377～411。（臺北：華世出版社，民國 65 年 6 月）
〔註3〕　同註1。
〔註4〕　《長編》，卷三五九，「哲宗元豐八年九月乙未」條。按：神宗崩，哲宗嗣位，未改元。
〔註5〕　《宋會要》，食貨四一之三三。
〔註6〕　《長編》，卷三九○，「哲宗元祐元年十月壬子」條。

　　宋代官府工場所需工匠，何者招募，何者麟差，以近人李劍農氏，究之最詳。〔註7〕蓋凡歲造有常額，如文思院、綾錦院、染院等，以其所需工匠固定，多用招募法；其他如將作監之東西八作司，及工部之軍器所、弓弩院等，以其工作有緩急之分，故除平時雇募常養工匠外，一旦遇緊急，輒由各路府州軍麟差行戶暫充之。〔註8〕

　　（三）抽括拘刷：抽括拘刷，指官府或爲特殊造作，或爲杜絕私營，或因事關國防，而徵集工匠之法。特殊造作，如眞宗大中祥符年間（1008～1016），丁謂、李溥等人爲廣建宮觀，行「大中祥符策略」，「多載奇木怪石」，「盡括東南巧匠」；〔註9〕又如徽宗政和五年（1115），蔡京等修明堂，命有司「抽人匠」，發遣應副；〔註10〕皆是。杜絕私營，以杜絕私織與私鑄爲主。如南宋高宗建炎三年（1129），四川都大茶馬司置錦院一所，「盡拘織機戶，就院居止，專一織造」；〔註11〕又如紹興二十六年（1156），「根括銅匠，招入鑄錢監充役」；〔註12〕皆是。事關國防，主要在造作戎器。如建炎三年，御營使司都統制王淵以「戎器全闕，軍匠數少」，請下諸州，「劉刷民匠，赴官併手製造」，〔註13〕即爲顯例。

　　（四）調發：調發亦爲官府工場因一時之需，大量徵集工匠之法。如宋初饒州（江西鄱陽）永平監鑄錢，銅、鉛、錫常不給，而饒、信（江西上饒）等州山谷多產之，遂「便宜調民采取」；〔註14〕又如仁宗明道元年（1032），爲修葺大內火焚宮殿，令京東西、淮南、江東、河北諸路，「並發工匠赴京師」。〔註15〕

　　上述諸來自民間之工匠，若就其性別言，男工之外，亦有女工。如裁造院有執針女工；〔註16〕又如太宗太平興國六年（981），罷湖州（浙江吳興）織羅，「放女工」；〔註17〕皆可證。若再就其年齡言，則成年工外，又有童工。

〔註7〕　參見李劍農《宋元明經濟史稿》，第三章〈宋元明之手工業〉，頁63～64。
〔註8〕　同上。
〔註9〕　《長編》，卷七八，「眞宗大中祥符五年八月丙午」條。
〔註10〕　《長編紀事本末》，卷一二五，〈明堂〉，「徽宗政和五年七月丁酉」條。
〔註11〕　《宋會要》，職官四三之一一三。
〔註12〕　《要錄》，卷一七三，「高宗紹興二十六年秋七月庚戌」條。
〔註13〕　《要錄》，卷二〇，「高宗建炎三年二月庚午」條。
〔註14〕　《宋史》，卷一八〇，〈食貨志〉下二，「錢幣」，頁3上～下。
〔註15〕　《長編紀事本末》，卷三二，〈大內災〉，「仁宗明道元年八月甲子」條。
〔註16〕　《宋會要》，職官二九之八。
〔註17〕　《宋史》，卷四，〈太宗本紀〉一，頁14上。

如南宋紹興二十七年（1157），高宗言：「蜀製造錦繡㲲幟，以充歲貢，聞十歲女子，皆拘在宮刺繡。」〔註18〕則非僅童工矣，且為女童工。

## 二、來自軍中

宋代官府工場工匠，來自軍中者亦甚多，且其中部分工匠，雖亦由民間召募而來，然因繫於軍籍，遂與本文前所云來自民間者有別。蓋宋行募兵制，〔註19〕兵制分禁軍、廂軍、鄉兵、蕃兵四種；其中廂軍專充力役之事，亦即所謂「役兵」；部分禁軍亦時有及之者。且除禁軍、廂軍外，據《長編》所載哲宗元祐六年（1091）樞密院言：

> 招軍並委提刑司催捉按舉，遇出巡，據新招到人，逐名點檢，及保明酬賞。內禁軍不及元等樣者，改刺充以次軍分；不堪披帶者，充廂軍；有手藝者試驗，改刺充工匠。……每歲終，逐司類聚轄下招到人數，各申所隸官司就糧。〔註20〕

知又有專充工匠之「有手藝者」，亦即所謂之「軍匠」、「兵匠」也。

宋代軍匠、兵匠與役兵，文獻常混為一談，如《朝野雜記》云：「御前軍器所，其役兵有萬全軍匠三千七百人，東西作坊工匠五千人。」〔註21〕軍匠、工匠皆統括於役兵之內。〔註22〕又如《長編紀事本末》云：

> 自來鑄錢，張官置吏，招刺軍兵，所費不少，而軍兵之役，最為辛苦。……今……召募私鑄人，令赴官充鑄錢工匠，……仍與舊來軍工相兼鼓鑄。〔註23〕

則又以軍工即役兵，與來自民間之工匠有別。姑不論軍匠、兵匠與役兵究有何區別，但就上二史料所云「改刺工匠」、「招刺軍兵」，知凡軍中工匠，一如募兵，均需刺字於身，以為符記。〔註24〕

---

〔註18〕 《文獻通考》，卷二二，〈土貢考〉一，頁221中。

〔註19〕 按：《宋史》，卷一九三，〈兵志〉七，「召募之制」云：「或募土人就所在團立，或取營伍子弟聽從本軍，或募飢民以補本城，或以有罪配隸給役。取之雖非一塗，而伉健者遷禁衛，短弱者為廂軍，制以隊伍，束以法令。當其無事時，雖不無爵賞衣廩之費，一有征討，則以之力戰鬥，給漕輓，而天下獷悍失職之徒，皆為良民之衛矣。」

〔註20〕 《長編》，卷四六七，「哲宗元祐六年冬十月丙子」條。

〔註21〕 《朝野雜記》，卷一八，〈兵馬〉，「御前軍器所」，頁27下。

〔註22〕 按：御前軍器所所造盡屬戎器，疑其工匠亦全繫兵籍。尚待考。

〔註23〕 《長編紀事本末》，卷一三六，〈當十錢〉，「徽宗崇寧二年二月庚午」條。

〔註24〕 按：高宗紹興二十八年十月十日，提領鑄錢所奏：「乞行下逐州府，如有鑄銅

　　宋代官府工場工匠之來自軍中者與民間者，實有分庭抗禮之勢。茲試依相關史料，先述其軍匠之徵用，再述其正規軍下役兵之編制。

　　（一）軍匠之徵用：此處所謂「軍匠」，實包括兵匠。宋代官府工場徵用軍匠，若摭其大者言，中央有將作監、軍器所、〔註25〕店宅務等；地方有鑄錢監、作院、造船務、織造場、酒務等。而其徵用人數、徵發區域，輒視緩急而各不同。若專就其徵用人數言，常視造作規模與需要，有由數十人至數千人者。如前述南宋御前軍器所，萬全軍匠即有三千七百人。此外如鑄錢監，眞宗時，江南、福建等路四監，「凡役兵三千八百餘人」，〔註26〕平均每監千人；又興州（陝西略陽）錢監，「歲調兵三百人采鐵」。〔註27〕又如酒務，眞宗乾興元年（1022），杭州清酒務募兵士四百人充役；〔註28〕其後江寧府（江蘇南京）亦置兵士一百五十人。〔註29〕再如成都上供機院，神宗元豐六年（1083），創令軍匠八十人織錦。〔註30〕官府工場徵用軍匠，雖同一單位，亦有因置廢而人數互增損者，如建州（福建建甌）豐國監（鑄錢），北宋時，凡役兵五百人，南宋高宗紹興元年（1131）復監，則僅役兵數十人。〔註31〕又如溫州（浙江永嘉）造船場，原有兵級二百四十七人，紹興元年，因「財賦窘乏」，「打造不魯」，裁減爲一百人。〔註32〕宋代官府工場所用軍匠，若再就其徵發區域言，則中央以在京係役兵士爲主，不足始由外路勾抽。如神宗熙寧四年（1071），樞密院奏：「在京係役兵士，舊額一萬八千二百五十九人，見闕六千三百九十二人。言若招揀得足，即不須外路勾抽。」〔註33〕地方係以原配置兵匠及外州軍撥差爲主。如徽宗大觀元年（1107），池州（安徽貴池）奏：「勘會永豐監，見管兵匠及外州軍差來兵士六百九十五人外，見闕六十四

　　　　工匠願投充近便鑄錢監工匠之人，更不刺軍號。」由是可知，鑄錢工匠多由軍管，而此不刺軍號者，乃特例也。見《宋會要》，刑法二之一四九。
〔註25〕　按：《宋會要》，職官一六之四云：「（高宗紹興二年）十月二十九日，詔令戶部支降錢一萬貫付軍器所，打造手射弓二千張，專委韓肖冑、楊沂中提領措置。其合用工匠，權於諸軍借差，仍量支食錢，候打造了日發遣。」
〔註26〕　《宋會要》，食貨一一之一。
〔註27〕　《宋史》，卷二八六，〈薛奎列傳〉，頁4上。
〔註28〕　《長編》，卷九八，「眞宗乾興元年夏四月丙寅」條。
〔註29〕　同上。
〔註30〕　《淨德集》，卷四，〈奉使回奏十事狀〉，頁9下。
〔註31〕　《皇宋中興兩朝聖政》卷一一，「高宗紹興元年夏四月己丑」條。
〔註32〕　《宋會要》，食貨五〇之一一。
〔註33〕　《宋史》，卷一九三，〈兵志〉七，「召募之制」，頁3上～下。

人。」〔註34〕中央或地方軍匠，無論勾抽或撥差，均需申報並有一定時限。其申報如以東西八作司爲例，據仁宗嘉祐七年（1062）三司奏，凡修造監修官吏，「如要兵匠人數，並須申三司乞差」。〔註35〕既需申三司，則必待核定後始能正式差派。其時限輒隨道里遠近而不同。大抵每年秋季下行差刷，於翌年春逐波起發送納；千里內以七月終，千里外以六月終。如此則皆可於夏季咸集，〔註36〕以供役使。

宋代官府工場所用軍匠，除有徵發人數與區域諸限制外，又每隨手藝高下分等。如御前軍器所，萬全軍匠即分三等。且低等次軍匠，每年一次經提舉官「開具精巧之人，取眾推伏，次第試驗」後，第二等可升作第一等，第三等可升作第二等。〔註37〕蓋此種升等驗試，略與今技士檢定同，不但予勞動者個人以榮譽，更可藉之提升整體生產技術。

（二）役兵之編制：此處所謂「役兵」，指正規軍中專充力役者。蓋有宋兵制，凡分禁軍、廂軍、鄉兵、蕃兵四種，已見前。皆屬正規軍種。〔註38〕其中廂軍者，「類多給役」：〔註39〕在京則「諸司之額五」，名籍由宣徽院掌之，〔註40〕以給畜牧繕修等事；在諸州則各以其事屬焉。宋代之廂軍，因需擔負「國家之大役」，〔註41〕故名額猥多。如神宗熙寧四年（1071），自騎射至牢城，其名凡分二百二十又有三，〔註42〕且其中不乏手藝工匠，專充官府工場役作者。〔註43〕至於廂軍供役單位，則可隨官制與地方行政區畫之不同，略分爲建隆至熙寧、元豐至北宋末，及南宋三期。茲分述之：

1、建隆至熙寧期：此期中央官府工場所役廂兵，分隸三司提舉司與開封府。其中專隸三司提舉司者，有東西八作司（廣備、雜役、效役、壯役）、後苑造作所、後苑工匠、文思院、南作坊、北作坊、弓弩院、法酒庫、西染院、

---

〔註34〕《宋會要》，刑法四之三二～三三。
〔註35〕同前書，職官三〇之一四。
〔註36〕《長編》，卷二四六，「神宗熙寧六年八月乙未」條。
〔註37〕《宋會要》，職官一六之七。
〔註38〕《宋史》，卷一八七，〈兵志〉一，頁1上。
〔註39〕同前書，卷一八九，〈兵志〉三，「廂兵」，頁1上。
〔註40〕同上。按：宣徽院下有騎案，諸司工匠兵卒之名籍，即由其掌之。見《宋史》，卷一六二，〈職官志〉二，「宣徽院」，頁10上。
〔註41〕彭百川《太平治蹟統類》，卷三〇，〈兵制損益〉，頁33下。（校玉玲瓏閣鈔本影本，臺北：成文出版社，民國55年4月臺一版）
〔註42〕《長編》，卷二二八，「神宗熙寧四年十二月丙寅」條。
〔註43〕按：《宋會要》，刑法七之二四云：「乞將手藝工匠，並行降塡廂軍。」

綾錦院、裁造院、修內司、事材場、內酒坊等十四類；隸三司提舉司與開封府共同管轄者，有作坊物料庫、西水磨務、東水磨務、退材場、東西窰務、竹木務、左右廂店宅務、鑄鎬務等八類。〔註44〕至於地方官府工場所役廂兵，每因地而異。茲據《宋史・兵志》所載廂軍與官府工場有關者，作一建隆至熙寧期供役表如下（表十），以探其詳。〔註45〕

## 表十：建隆至熙寧期廂軍供役表

| 路分 | 廂軍名稱 | 府州軍 | 備　考 | 路分 | 廂軍名稱 | 府州軍 | 備　考 |
|---|---|---|---|---|---|---|---|
| 京西北路 | 東西八作 | 西京府。 | | 河北西路 | 船　坊 | 洺州。 | |
| | 窰　務 | 西京府。 | | 河東路 | 作院工匠 | 太原府。 | |
| | 探　造 | 西京府。 | | | 雜　攢 | 代州。 | |
| | 水　磨 | 鄭州。 | | 江南東路 | 酒務雜役 | 江寧府。 | |
| 永興軍路 | 省作院 | 邠州。 | | | 錢　監 | 江州。 | |
| | 作　院 | 丹州。 | | | 酒務營 | 池州。 | 按：據《宋史・兵志》載，百人爲都，五都爲營，故一營當有五百人。 |
| | 色　役 | 環州。 | | | | | |
| 秦鳳路 | 探　造 | 秦州。 | | | | | |
| | 作　院 | 儀州。 | | | 鐵木匠營 | 池州。 | |
| 兩浙路 | 船　務 | 杭州、婺州。 | | | 竹匠營 | 池州。 | |
| | 樓店務 | 杭州。 | | 江南西路 | 造船軍匠 | 吉州。 | |
| | 清　務 | 杭州、蘇州、婺州、溫州。 | | 荊湖北路 | 船　坊 | 鼎州。 | |
| | 鼓角將 | 潤州。 | 按：亦有作鼓角「匠」者。 | | 鼓角將 | 荊門軍。 | |
| | 探　造 | 明州。 | | 荊湖南路 | 船　坊 | 潭州。 | |
| | 探　斫 | 溫州、處州、衢州。 | | | 船坊鐵作 | 潭州。 | |
| | | | | | 渡船都 | 潭州。 | |
| | 山場斫軍 | 婺州、溫州、睦州。 | 按：一軍約二千五百人。 | | 興　造 | 潭州、衡州。 | |
| | | | | | 清　務 | 潭州。 | |
| 淮南西路 | 雜作都 | 壽州。 | 按：《宋史》卷一九五云：「今之軍制，百人爲都。」 | 廣南東路 | 造船坊 | 廣州。 | |

〔註44〕　《宋史》，卷一八九，〈兵志〉三，「廂兵」，頁12上～13上。
〔註45〕　同上，頁9上～12上。

　　據上表可知，建隆至熙寧時期廂軍與官府工場役作有關者，（1）若就其名
稱言，凡三十有四類；如除去其路分不同，卻名稱相同者，亦二十有七類。是
二十七類，以關係造船者最多，有船坊、船務、造船軍匠、船坊鐵作、渡船都、
造船場等六類。其次則爲軍器製造，有作院、省作院、作院工匠、鼓角將（匠）
等四類。再次則爲採造、釀酒，與雜役：採造有採造、採斫、山場斫軍等三類；
釀酒有清務、酒務營、酒務雜役等三類；雜役有雜攢、色役、雜作都等三類。
至如東西八作、窰務、水磨、樓店務、錢監、鐵木匠營、竹匠營、興造等，則
各僅一類。上述各類廂軍，（2）若再就其路分言，則總計十有二路。其中以兩
浙路七類爲最多，曰船務、樓店務、清務、鼓角將、採造、採斫、山場斫軍等；
其次則依序爲荊湖南路五類，曰船坊、船坊鐵作、渡船都、興造、清務等；京
西北路四類，曰東西八作、窰務、採造、水磨等；永興軍路三類，曰省作院、
作院與色役等；河東路二類，曰作院工匠、雜攢等；秦鳳路二類，曰採造、作
院等；荊湖北路二類，曰船坊、鼓角將等；其餘如河北西路有船坊，淮南西路
有雜作都，江南西路有造船軍匠，廣南東路有造船場，則各皆僅一類。至於該
等廂軍所隸府州軍，則多與分布地方之官府工場相配合。已見本文第二章第三
節，茲不贅述。

　　2、元豐至北宋末期：此期中央官府工場所役廂軍，多隨元豐改官制而改
隸。且其隸屬情形，已可見諸本文第二章第一節中，茲不贅述。至於地方官
府工場所役廂軍，以迄北宋之末，除依行政區畫之省併略有改變外，其工作
性質，大抵與建隆至熙寧期相似。茲再據《宋史・兵志》，作一元豐至北宋末
廂軍供役表如下（表十一），〔註46〕俾能前後相對照。

## 表十一：元豐至北宋末廂軍供役表

| 路　分 | 廂軍名稱 | 府　州　軍 | 備　考 |
|---|---|---|---|
| 河東路 | 雜攢 | 代州。 | |
| | 作院工匠 | 太原府。 | |
| 陝西路 | 省作院 | 邠州。 | |
| | 作院 | 丹州、儀州。 | |
| | 色役 | 環州。 | |
| | 採造 | 秦州、通遠軍。 | 元豐四年增置。 |

---

〔註46〕同上，頁 13 上～19 上。

| 京西路 | 採造 | 西京。 | |
| | 三水磨 | 鄭州。 | |
| | 東西八作 | 西京。 | |
| 淮南路 | 雜作都 | 壽州。 | |
| 兩浙路 | 船坊 | 明州。 | |
| | 船務 | 杭州、婺州。 | |
| | 採造 | 明州。 | |
| | 樓店務 | 杭州。 | |
| | 清務 | 杭州、蘇州、婺州、溫州。 | |
| | 鼓角將 | 潤州。 | |
| 江南路 | 造船軍匠 | 吉州。 | |
| | 下卸錢監 | 江州。 | |
| | 鐵木匠營 | 池州。 | |
| | 酒務營 | 池州。 | |
| | 竹匠營 | 池州。 | |
| | 酒務雜役 | 江寧府。 | 江寧府。 |
| 荊湖路 | 船坊 | 潭州、鼎州。 | |
| | 渡船都 | 潭州。 | |
| | 清務 | 潭州。 | |
| | 船坊鐵作 | 潭州。 | |
| | 鼓角匠 | 荊門軍。 | |
| 廣南路 | 造船 | 廣州。 | |

據上表可知，此期地方廂軍，（1）若就其名稱言，已由原二十七類減爲二十三類。其中採造少去採斫與山場斫軍二類，窰務與興造類亦皆裁損之。（2）若再就其路分言，則由原十二路歸併爲八路。其中兩浙、江南（原江南東、西）路各六類，荊湖（原荊湖南、北）路五類，陝西（原永興軍與秦鳳）路四類，京西（包括原京西北）路三類，河東路二類；其餘如淮南（包括原淮南西）、廣南路則各僅一類。至於該等廂軍所隸府州軍，則多如熙寧之舊，仍與分佈地方之官府工場相配合。已見前，茲略而不述。

3、南宋期：南宋後，秦嶺、淮水以北路分悉陷於金，中央及其餘各路廂軍，廢置損益，亦時有不同。〔註 47〕然據《宋史・兵志》云，廂軍中與官府工場役作有關者，凡增六類。其中臨安即增五類，曰都作院、小作院、樓店

〔註47〕同上，頁 20 下～21 下。

務、秤斗務與鼓角匠等；餘則建寧府（即建州）增一類，曰豐國監。〔註48〕
蓋南宋偏安後，以臨安爲都，中央官府工場悉遷於彼，造作供億，日增一日，
廂軍供役，遂隨之加編，以應所需。

　　正規軍除廂軍外，部分禁軍亦有供役者。如乾德初（963），太祖平荊湖，
嘗「選其軍善治舟楫者」，〔註49〕立「造船務」一軍。又如大中祥符二年
（1009），眞宗詔：「（玉清）昭應宮隸役禁軍，自今每月更代廂軍。」〔註50〕
知禁軍亦需參與造作。禁軍供役，多非情願，致曾發生流血事件。如神宗時，
禁中斬馬刀局，禁軍節級「強被指射就役」，因不堪其苦，「不勝忿而作難」，
〔註51〕作頭、監官皆被殺，即爲一例。此外，沿邊州軍遇緊急興修時，亦可
和雇禁軍。惟據哲宗元祐四年，樞密院奏：

> 今擬立法，沿邊州縣鎮城堡寨，興修工料，闕少廂軍，如係緊急要
> 處，方得和雇禁軍。〔註52〕

知其立法甚嚴，以防濫招有礙軍情。

　　除廂軍及部分禁軍外，諸軍子弟亦有應募供役者。如太祖乾德元年詔：
「募諸軍子弟數千人，引五丈河，造西水磑，以八作使趙遂領其役。」〔註
53〕眞宗大中祥符六年（1013）詔：「八作司父兄子弟會作藝者，聽相承於本
司，射糧充工匠。」〔註54〕又如《開慶四明續志》載：「慶元府，……日役……
軍匠、……民匠、……諸軍子弟匠。」〔註55〕蓋由是可知，諸軍子弟應募供
役，非僅中央，且及於地方；非僅北宋，且及於南宋云。

## 三、來自罪犯

　　宋代罪犯所以亦成爲官府工場工匠，乃因其刑法中，徒、流二刑有編配
入役之制之故。其中就徒刑言，初時在京則或「配隸將作監役」，或「役之宮
中」，或「輪作左校、右校役」；〔註56〕至乾德五年（967），太祖依御史臺議，

---

〔註48〕同上，頁 21 下。
〔註49〕《宋史》，卷一八七，〈兵志〉一，「禁軍」上，頁 25 下。
〔註50〕《長編》，卷七二，「眞宗大中祥符二年秋七月辛酉」條。
〔註51〕同前書，卷二六二，「神宗熙寧八年夏四月己丑」條。
〔註52〕同前書，卷四三五，「哲宗元祐四年十一月癸巳」條。
〔註53〕同前書，卷四，「太祖乾德元年九月丙子」條。
〔註54〕《宋會要》，職官三〇之八。
〔註55〕《開慶四明續志》，卷六，〈作院〉，頁 11 上。
〔註56〕《宋史》，卷二〇一，〈刑法志〉三，頁 12 下。按：左校、右校，唐制爲將作

徒罪人役，始「並送付作坊應役」。〔註57〕就流刑言，則據《宋史・刑法志》云，宋代四流刑中，加役流者，「配役三年」；流二千里者，「並配役一年」。〔註58〕蓋此一制度，終宋之世，法雖累有更定，皆未嘗廢。

宋代罪犯配役，均需傳之軍籍，〔註59〕並由刑部都官配隸案專掌理之。〔註60〕其配役地分遠近，端視情罪輕重而定：〔註61〕輕者配付本州或鄰近州軍，遇赦得縱之；〔註62〕重者發配荒陬遠邑，終身不釋。〔註63〕其配役工作，則多以苦重者為主。茲以此類史料零散，乃就所摭與官府工場相關者，作一罪犯配役表（表十二），俾再分析。

## 表十二：宋代官府工場罪犯配役表

| 帝號 | 年代 | | | 配役單位 | 本　事 | 徵　引 | 備　考 |
|---|---|---|---|---|---|---|---|
| | 年 | 月 | 日 | | | | |
| 太祖 | 乾德五年（967） | 二月 | 癸酉 | 將作監作坊 | 御史臺奏：「伏見大理寺斷徒罪人，非官當贖銅之外，將作監役者，其將作監舊兼充作內使，又有左校、右校、中校署。比來工役並在此司，今雖有其名，無復役使。……欲望令大理寺依格式斷遣，徒罪人役並送付作坊應役。」從之。 | 《長編》卷八。《宋會要》刑法四之一～二。 | 按：《文獻通考》卷一六八與《宋史》卷二〇一，此條均繫於「開寶五年」。今從《長編》、《宋會要》所繫。 |
| 太宗 | 太平興國元年（976） | 五月 | | 作坊 | 詔：敢與蕃客貨易，……婦人犯者，配充針工。 | 《宋會要》職官四四之二。 | 參見「真宗天禧二年三月庚戌」條。 |
| | 二年（977） | 二月 | 丁未 | 作坊 | 詔：凡出茶州縣，民輒留及賣鬻，計直千貫以上，黥面送闕下，婦人配為鐵工。 | 《長編》卷一八。 | 按：「鐵」工，疑為「鍼」工之誤。 |

　　監下二署。宋初尚因仍未改，故有其名。
〔註57〕《長編》，卷八，「太祖乾德五年二月癸酉」條。
〔註58〕《宋史》，卷一九九，〈刑法志〉一，頁7下。
〔註59〕同註56。
〔註60〕《宋史》，卷一六三，〈職官志〉三，「刑部、都官郎中、員外郎」，頁31上～32下。
〔註61〕《宋會要》，刑法四之三七。按：徽宗宣和二年十月三日，翰林學士趙野奏：「竊詳犯罪應編配之人，在法皆以本犯情罪輕重，立定地分遠近。」
〔註62〕同註56。
〔註63〕同註56。

| | | | | | | |
|---|---|---|---|---|---|---|
| | 淳化四年（993） | 二月 | | 窰務 | 詔：左藏內庫專、副、庫、秤、揀、掐等，盜百錢已下，杖八十；……五千已上，流三千里，刺面配京窰務。 | 《宋會要》食貨五一之二一。 | 元豐官制後，隸屬將作監。 |
| 眞宗 | 天禧二年（1018） | 三月 | 庚戌 | 作坊 | 詔：諸班殿直、諸軍妻坐姦者，決訖即放，不須隸作坊針工。其見役百五十七人，皆釋之。 | 《長編》卷九一。《宋會要》刑法四之八。 | |
| 仁宗 | 天聖元年（1023） | 七月 | | 八作司 | 侍衛步軍司言：「開封府勘斷不刺面配忠靖徒役人，本司只是令本指揮收管，日支口食，差節級監赴八作司，徒役至夜歸營，欲乞今後直送八作司轄下司分收管。」從之。 | 《宋會要》刑法四之一〇。 | 元豐官制後，隸屬將作監。 |
| | | 閏九月 | 二十一日 | 南北作坊 | 詔：南北作坊見管配到諸軍家口，充鍼工，并裁造院先召到女工，並放逐。 | 《宋會要》刑法四之一一。 | |
| | 二年（1024） | 四月 | | 採造務 坑冶務 | 開封府言：「準近詔應過犯軍士合移配者，並配鄭州賈谷山採造務。今得車營務狀，……請自今後軍人合移配者，……並刺配商州坑冶務。」奏可。 | 《宋會要》刑法四之一一。 | |
| | 四年（1026） | 二月 | | 採造務 坑冶務 | 開封府奏：「檢會條貫，凡作賊、三犯徒、軍人……再犯……舊例決訖並刺配商州坑冶務，及配西京南山、鄭州賈谷山採造務。……」 | 《宋會要》刑法四之一三。 | |
| | 六年（1028） | 二月 | | 八作司 窰務 店宅務 | 詔：三司、開封府、殿前侍衛馬步軍司，自今有合配劾役、窰務、車營務兵士，並只配店宅務修造指揮，候填定本務見闕人數，即住。 | 《宋會要》食貨五五之一〇。 | 按：劾役屬東、西八作司。 |
| | 九年（1031） | 正月 | 四日 | 酒務 | 淮南轉運司奏：「……淮南二十一州軍，醞匠多新犯配軍之人。……」 | 《宋會要》食貨二〇之八。 | |
| 哲宗 | 元祐元年（1086） | 六月 | 十四日 | 東窰務 西窰務 | 詔：……在京者，元犯配廣南，分配東西窰務。 | 《宋會要》刑法四之二九。 | 按：東窰務在開封；西窰務則在西京，有白波窰務。 |
| | 六年（1091） | 八月 | 庚子 | 鑄錢監 | 荊湖南路提刑司言：「錢監工役，……投換犯罪刺配，……。」 | 《長編》卷四六四。 | |

| | | | | | | |
|---|---|---|---|---|---|---|
| 徽宗 | 政和三年（1113） | 閏四月 | 五日 | 鑄錢監 | 權提轄措置陝西路坑冶蔣彝奏：「昨來本路錢監招刺人匠未足，間係諸處降配到罪人充諸監人數，後因減廢錢監，並行住罷。今來乞仍舊下刑部，遍下諸路，合配二千里以上，本路千里以上牢城情重人，並乞押付本司，分擘刺塡入監。候將來人匠足日，住罷。」從之。 | 《宋會要》刑法四之三五。 | |
| 宗 | 四年（1114） | 八月 | 十三日 | 鑄錢監 | 工部奏：「定國軍狀：契勘韓城縣東、西兩錢監人匠見闕，乞下諸路州軍，除犯強盜及合配廣南遠惡沙門島，并殺人放火兇惡之人外，將其餘犯流徒合配之人，並乞免決先刺同州韓城縣錢監，等候額足，住配。」 | 《宋會要》刑法四之三五。 | |
| 高宗 | 紹興十三年（1142） | 七月 | 十一日 | 鑄錢監 | 御史湯鵬擧乞仍以犯人斷配錢監。 | 《宋會要》刑法二之一四九。 | |
| | 二十八年（1158） | 七月 | 己卯 | 鑄錢監 | 時大斂民間銅器，凡民間銅器限一月輸官。自後犯者，私匠配錢監重役。 | 《要錄》卷一八〇。 | |
| 孝 | 紹興三十三年（1163） | 十月 | 二十七日 | 鑄錢監 | 戶部奏：「近日民間多有貨鬻銅器者，公然銷錢鑄造。乞行下州縣，將逐處銅匠籍定姓名，如有違犯人，先次斷罪，押赴鑄錢監充役。」從之。 | 《宋會要》刑法二之一五六。 | 按：孝宗即位未改元。 |
| 宗 | 淳熙元年（1174） | 九月 | 十二日 | 作院 | 知靜江府張栻奏：「近來配隸之人，……若逃亡出首，又押配元配所，竊慮復致竄逸。欲將首身人審量強壯，刺塡軍兵，其餘刺充作院、壯城指揮。」從之。 | 《宋會要》刑法四之五三。 | |
| 寧宗 | 嘉定七年（1214） | 閏二月 | 一日 | 造船務坑冶務 | 荊湖南路轉運使奏：「諸州雜犯配軍，比來多轉送全、邵、郴、道州，皆無重役，本路惟潭州水運牽挽，又造船、冶鐵工役尤眾，望傳諭諸州，自今應配當路者，悉送潭州。」從之 | 《宋會要》刑法四之六八。 | |
| 說明 | 一、本表依年代先後爲序，就其相關史料，以次列入。二、本表主要史料來源有三：《長編》、《要錄》、《宋會要》等書；其餘則暫從略。 | | | | | | |

上表所列罪犯配役，雖未能盡詳，但已可知宋代官府工場用罪犯為工匠者，大致有十一處。其中隸中央者五處，曰將作監、八作司、東窯務、南北作坊與店宅務等；屬地方者六處，曰採造務、坑冶務、西窯務、鑄錢監、作院，及造船場等。

宋代罪犯配役，以在窯務與鑄錢監最稱苦重。如仁宗天聖四年（1026），開封府奏言，即曾指出窯務「工役最重」；〔註64〕又如荊湖南路提刑司亦曾云：「錢監工役，朝暮鼓鑄，最為勞苦。」〔註65〕至於罪犯配役之初，以其工藝多非素習，為恐延誤工時，乃又有教習造作之制。如錢監即曾就學習時日，分作三階段收用：自配到作日起，未滿三十日者，收工三分；及三十日者，與收半工，再經一年，則收全工。〔註66〕但雖然如此，仍終非良策。故凡罪犯配役官府工場，多為一時員闕權充之，一旦人匠補足，即行作罷。〔註67〕

## 四、官府工場相互撥使

宋代官府工場工匠相互撥使，又可分相互抽差、分撥轉併兩類。相互抽差，多視造作緩急實行之；分撥轉併，則多視單位興廢實施之。茲分述如下：

（一）相互抽差：宋代官府工場工匠相互抽差，又可分中央互抽、中央抽至地方與地方互差三種：

1、中央互抽：宋代中央官府工場，凡應造作之需，工匠皆可相互抽差。然為恐抽差浮濫，有礙正常工課，對之亦有限制。如大中祥符三年（1010），真宗嘗詔：

> （作坊、弓弩造箭院）今後除內中及二（三）司等處抽差人匠，更不收二（工）限外；其餘諸司庫務抽取人匠，即令相度所造名件、數目，勒人匠計定功限，供申到坊，上簿拘管；才候限滿日，畫時抽下。〔註68〕

則據此可知，當時專司戎器製造之作坊與弓弩造箭院，工匠有被抽差至內中、三司及諸司庫務者。其中除內中及三司可不受限制外，其餘諸司庫務，皆需

---

〔註64〕《宋會要》，刑法四之一三。

〔註65〕《長編》，卷四六四，「哲宗元祐六年八月庚子」條。

〔註66〕同上。

〔註67〕參見表十二「天聖六年二月」、「政和三年閏四月五日」、「政和四年八月十三日」諸條。

〔註68〕《宋會要》，方域三之五一。

預計所需人匠、功限，連同所造名件、數目，造冊申報作坊拘管；且一旦工限期滿，即立時抽還。中央官府工場相互抽差工匠，屢有所見。如仁宗天聖八年，三司提舉司奏：「弓弩院弩樁作克闕工匠二十人，緣本作工課重難，自來招塡不得，昨抽差事材場工匠六人，造作弩樁。」〔註69〕知弓弩院弩樁作因工匠招募不易，乃請由事材場抽差。按：此等權差工匠，其後因造作精熟，竟成正式名額。〔註70〕又如嘉祐三年（1058），提舉司奏：「後苑御弓箭庫抽取弓弩院工匠人二人，赴庫造箭。」〔註71〕知弓弩院工匠亦有被抽至後苑者。厥後有因事關重大，被抽單位權停造作者。如仁宗嘉祐四年（1059），使臣逐庫相驗諸般兵器，凡因年久斷綻損壞，及不堪施用者，皆「抽差作坊逐色工匠」、「揀選小作料次」、「依例添修」。於是「所有作坊見今造作旬課」，一律權罷，以期早日了當，堪應施用。〔註72〕即為一例。

2、中央抽至地方：宋代地方官府工場，每遇初創或更制時，為使所造合於法度，並免於稽延誤事，亦常有乞由中央抽差工匠，到場打造者。如仁宗時，歐陽修奉使河北，置都作院，乞申三司，「於南北作坊檢會工課料例，及於轄下抽揀工匠」，令依樣打造。〔註73〕又如神宗熙寧七年（1074），鄭州水磨務更置水碾磨，為免工匠、材料、地步「稽延難以集事」，勾當官乞於將作監「權指名抽差工匠，并請撥材料」，以資應副。〔註74〕皆其顯例。

3、地方互差：地方官府工場，亦有為倣照他處造作，而請差借人匠，依樣打造者。如南宋寧宗慶元二年（1196），臨安之浙江、龍山，紹興之西興、漁浦等處渡舟船，為倣造鎮江都統制司揚子江渡船，乃請「暫差借高手工匠二十人」，〔註75〕到場領導造作，以免臆測之失。

（二）分撥轉併：宋代官府工場工匠，常因工場之興廢，自相關工場，中央對中央，地方對地方，作對等性之分撥或轉併。

1、分撥興工：宋代官府工場工匠，每多因興工而分撥者。如太宗至道元年（995），因饒州永平監鉛、錫物料常不給，乃「分其工之半」，別置永豐監

〔註69〕同前書，職官一六之二四。
〔註70〕同上。
〔註71〕同上。
〔註72〕《宋會要》，食貨五二之二六。
〔註73〕《歐陽文忠公文集》，卷一一八，〈河北奉使奏草〉卷下，〈乞條制都作院〉，頁933下。
〔註74〕《宋會要》，食貨五五之一。
〔註75〕同前書，食貨五〇之三二。

於池州。〔註76〕又如南宋理宗景定年間（1260～1264），建康置制司所管戰船不足，乃由水軍統制「將帶工匠」，「前往江西吉州」措置打造〔註77〕。蓋由是二例，亦可知宋代地方官府工場，常有因物料不給，或所造額數不足，而另置場別造者。

2、廢罷轉併：宋代官府工場，每因廢罷而將工匠轉併，以免熟練技工流離失所，並有利工事。其要者如：仁宗天聖元年（1023），玉清昭應宮等處減清嚳卒，其工役轉「送八作司」。〔註78〕七年（1029），西造船務停廢修船場，所有「人匠撥入事材場，相兼事造熟材」。〔註79〕八年（1030），修內司燈毬作人匠物色，「並撥與南北作坊收管」。〔註80〕神宗熙寧八年（1075），永興、河中府、陝州、耀州（陝西耀縣）、鄜州（陝西富縣）五銅錢監工匠，「併入商州等四監」，專鑄大錢。〔註81〕南宋高宗紹興七年（1137），軍器局罷，所有人匠、物料，併歸臨安軍器所收管。〔註82〕

# 第二節　工匠之待遇

宋代官府工場工匠待遇每多不同。然大抵言之，除作有薪資，息有定制，工有獎懲外，且多福利措施，堪謂龐雜中不失章法。本節乃試就其薪資給付、休假制度、獎懲辦法及福利措施四項探討之。

## 一、薪資給付

宋代官府工場工匠之薪資給付，常隨受雇時間之久暫，造作性質之不同，而分逐日計酬、按月計酬與日月並計三種方式。其發放內容，則現錢與實物兼而有之，但標準又常視其出身與手藝高下而有別。茲以計酬方式為經，發放內容與標準為緯，分述於後：

（一）逐日計酬：逐日計酬之工匠，乃因其工作有季節性，或時日短暫所致。工作有季節性者，如茶苑工匠即是。茶之採摘，雖可不分四時，但以

〔註76〕《長編》，卷四○，「太宗至道元年冬十月己未」條。
〔註77〕《景定建康志》，卷三九，〈武衛志〉三，「戰艦」，頁 26 下～27 上。
〔註78〕《長編》，卷一○○，「仁宗天聖元年三月甲申」條。
〔註79〕《宋會要》，食貨五四之一五。
〔註80〕同註 68。
〔註81〕《長編》，卷二六○，「神宗熙寧八年二月甲子」條。
〔註82〕《宋會要》，職官一六之二三。

驚蟄前後之芽茶最爲上品，故貢茶必於二、三、四月採摘焙製。〔註 83〕如莊
季裕《雞肋編》云：

> 建谿茶場，……其大（茶）樹，二月初，因雷迸出白芽，肥大長半
> 寸許，採之浸水中，……謂之水芽。……初進止二十胯（銙），謂之
> 新貢。……採茶工匠，幾千人，日支錢七十足（文）。〔註 84〕

則據此可知建谿茶場所貢水芽，常在二月驚蟄後採摘焙製，其工匠幾達千人，
每人日支錢七十文。工作時日短暫者，可以作院工匠爲例。據《開慶四明續
志》載，南宋慶元府（即明州，浙江鄞縣）作院，工匠凡分軍匠、民匠與諸
軍子弟匠三種，皆行按日計酬，且各有等差：

> 軍匠日支錢三百文，米二升，酒一升；民匠一貫五百文；諸軍子弟
> 匠五百文，米、酒視軍匠之數。民匠勞逸不均，則下定海、鄞縣、
> 奉化，照籍輪差。每四十日一替，起程錢各五貫，回程十貫。〔註 85〕

其中民匠採輪差制，每四十日一替，工時短暫，日支錢一貫五百文，且起、
回程又各給錢。其餘軍匠、諸軍子弟匠，則日支有現錢、米、酒等，米各二
升，酒各一升；至於錢，諸軍子弟匠日支五百文，爲民匠之三之一；軍匠日
支三百文，爲民匠之五之一。〔註 86〕按：另據《景定建康志》云，知其時作
院工匠又有支鹽菜錢一百三十文。〔註 87〕

（二）按月計酬：宋代官府工場中，凡歲造有常、常雇工匠在場者，其
薪資給付，多採按月計酬制。如綾錦院工匠即是。據《宋會要》載，太祖開
寶四年（971），監綾錦院右拾遺梁周翰奏：

> 在院見管戶頭，逐人料錢七百文，糧三石五斗，口食米、豆六斗；
> 各用女工三、四人，每人月糧二石，米、豆又六斗。〔註 88〕

知綾錦院工匠有戶頭與女工之分。其中戶頭即今之「工頭」、「領班」，下管
織機三、四張，女工三、四人，屬管理階層，故報酬較高，除月糧三石五
斗，口食米、豆六斗外，並支料錢七百文；女工則每月糧二石，米、豆六

---

〔註 83〕 參見朱重聖《北宋茶之生產、管理與運銷》，第一章第一節〈茶之源起及功用〉，
　　　　　頁 5～7。
〔註 84〕 莊季裕《雞肋編》，卷下，頁 15 上～下。（筆記小說大觀三十編第一冊，文明
　　　　　刊歷代善本，臺北：新興書局，民國 68 年 10 月。）
〔註 85〕 《開慶四明續志》，卷六，〈作院〉，頁 11 下。
〔註 86〕 同上。
〔註 87〕 《景定建康志》，卷二三，〈城闕志〉四，「軍器庫」條，頁 21 下。
〔註 88〕 《宋會要》，食貨六四之一六。

斗。〔註 89〕除綾錦院外，造船場工匠亦屬按月計酬，且其平日有「衣糧之費」，造船時則「又添以米」，〔註 90〕堪稱廩食優厚。

（三）日月並計：日、月並計者，指工匠薪資，部分以日計酬，部分以月計酬。其以日計酬者，多爲現錢之核發；以月計酬者，則爲糧米之配給。如《宋會要》所載南宋高宗紹興二年（1132），製造御前軍器所請報工匠酬直事例，即可爲證：

> 提舉製造御前軍器所言：「昨撥到韓世清下工匠五十餘人，改刺萬全工匠，并撥到王冠等下軍兵一百人充雜役。下等工匠，每月糧二石，添支錢八百文，每日食錢一百二十文，春冬衣依借支例。雜役兵匠，每月糧二石五斗，每日食錢一百二十文，春冬衣依借支例」。工部勘會：「上件軍兵，元因不堪披帶，揀充本所雜役，其所破請給，若卻優於披帶之人，顯屬未均。」詔：「新撥到雜役兵匠，別立一等，每日食錢一百文，月糧一石七斗，依例准折。」〔註 91〕

蓋據此，可知御前軍器所工匠酬勞，有月糧、日食錢、添支錢及春冬衣等，但除春冬衣外，其餘皆依手藝高下而分等：如下等工匠，凡月糧二石、添支錢八百文、日食錢一百二十文；雜役兵匠，則僅月糧一石七斗、日食錢一百文。按：宋代軍匠另有「本券」可領。〔註 92〕據《宋史·兵志》云：「凡軍士邊外率分口券，或折月糧，或從別給。」〔註 93〕則「本券」似與「口券」相似，爲可折糧物之支領憑證。

上述宋代工匠各類薪資給付，皆爲一時之數，必每隨物價之波動，情勢或環境之改變而不同。然吾人據此，仍大致可歸納出：（一）若就其計直方式言，有逐日、按月與日月並計三種，適用情況，各有不同。（二）若就其計直內容言，包括現錢、米、糧、豆、酒及春冬衣等。按：據《宋會要》云，文思院工匠亦有支以金、銀者。〔註 94〕（三）若就其工匠出身言，以民匠薪資最高，諸軍子弟匠次之，軍匠最少。但軍匠因有本券可支領他物，仍可補不

---

〔註 89〕 按：宋代官府工場中，多有此類工頭、領班設置，如文思院有「作頭」，御前軍器所有「甲頭」。
〔註 90〕 《攻媿集》，卷二一，〈奏議〉，〈乞罷溫州船場〉條，頁 219 下。
〔註 91〕 《宋會要》，職官一六之四～五。
〔註 92〕 《朝野雜記》，卷一八，〈兵馬〉，「御前軍器所」，頁 27 下～29 上。
〔註 93〕 《宋史》，卷一九四，〈兵志〉八，「廩祿之制」，頁 16 下。
〔註 94〕 《宋會要》，職官二九之五。

足。此外，凡罪犯配役者，則僅日支口食而已。〔註95〕（四）若就其工匠分等言，有管理者與被管理者之分，有手藝高下之別，所支各有等差。

## 二、休假制度

宋代官府工場工匠休假，多由宣徽院胄案管理頒布之。〔註96〕其工場工匠休假，則除依國有明令外，各場每因工作性質不同，又自有規定；此外，凡遇暑熱、酷寒、雨雪不時，或皇帝大赦等，亦多有停役休作者。茲再分（一）一般休假；（二）個案休假；（三）特別休假三目，述之如下：

（一）一般休假：宋初休假皆按令式。其國定假日據《宋會要》云：

歲節、寒食、冬至，各假七日，休務五日；聖節、上元、中元，各假三日，休務一日；春、秋二社、上巳、重午、重陽、立春、人日、中和節、春分、立夏、三伏、立秋、七夕、秋分、授衣、立冬，各假一日，不休務；夏至、臘日，各假三日，不休務；諸大祀，假一日，不休務。〔註97〕

凡重要節日或節氣轉換，皆明令休假，假期則多者七日，少亦一日。凡休假時，百司或亦休務，或則不休。其不休務者，則雖休假，仍照常措置事務。此後歷朝，或因舊制，或增建慶節，或旬賜沐，令休務者，皆著于令。其親行大祀及車駕巡幸，賜羣臣休假者，則無定制。茲舉其二例以明之：

1、旬休一日：旬休一日始自太祖開寶元年（968），有詔：「自今遇旬假，不御殿，百官賜休沐一日。」〔註98〕所謂旬者，十日也；休沐者，休息洗沐也。據《事物紀原》云：「休沐始于漢；其以旬休，則始于唐也。」〔註99〕知旬休之制，其來有自，宋僅為因循也。旬休有如今之星期例假，所不同者，在於十日與七日之別。

2、三元節、夏至、臘日並休務：此一制度，始自仁宗慶曆六年（1046）。〔註100〕所謂三元，上元、中元、下元也。上元在正月十五日，中元在七月十

〔註95〕同前書，刑法四之一○云：「仁宗天聖元年七月，侍衛步軍司（言）：『開封府勘斷不刺面配忠靖徒役人，本司只是令本指揮收管，日支口食，差節級監赴八作司徒役，至夜歸營。』」
〔註96〕《宋史》，卷一六二，〈職官志〉二，「宣徽院」，頁10上～下。
〔註97〕《宋會要》，職官六○之一五。
〔註98〕同上。
〔註99〕《事物紀原》，卷一，〈治理政體部〉第六，「休沐」條，頁46上～下。
〔註100〕《長編》，卷一五九，「仁宗慶曆六年十二月己未」條。

五日，下元在十月十五日。按：宋初僅規定上元、中元各假三日，休務一日；夏至、臘日則各假三日，不予休務。說見前。至仁宗慶曆間，則下元日，亦休假三日。並均休務云。

上述一般休假，多屬官府之制。然依此類推，則官府休假且休務日，所有胥吏乃至工匠，當亦有假。

（二）個案休假：宋代官府工場工匠休假，除國定假日外，又常依其造作性質不同，各有休假之例。茲舉中央將作監、鑄鎬務，地方鑄錢監、造船場為例，以見一斑。

1、將作監：將作監下所屬工徒，為均其勞逸，寒暑早暮，均作止有節。〔註101〕如窰務每年以「二月興工，十月罷作」，〔註102〕其間十一、十二、正月，皆為休作時期。據邱光庭引時人詩云：「風至授寒服，霜降休百工。」〔註103〕霜降約當陰曆九月末季秋時節，氣候漸寒，不宜造作，窰務蓋即因此休作。又如事材場，太宗於雍熙二年（985）詔：「每月給假一日，請糧。」〔註104〕知每月均有假一日。

2、鑄鎬務：京師鑄鎬務休假，始自真宗大中祥符五年（1012），詔云：「鑄造（鎬）務諸作，每夏月役半功，至午時放。」〔註105〕蓋鑄鎬務鎔鑄銅鐵鍮石諸器，必以高溫，方能成事。工匠居處其間，冬日尚可取暖，夏日卻燥熱難當，故有此詔。

3、鑄錢監：鑄錢監休假，始自真宗景德四年（1007），詔云：「諸處錢監鑄匠，每旬停作一日，願作者聽之。」〔註106〕此外，據江少虞《皇朝類苑》云，值暑月，諸監亦減半工；〔註107〕又如蘄春鐵錢監，五至七月，號為「鐵凍」。說見前。蓋均屬休工期，以減工匠高溫鑪作之苦。

4、造船場：造船場休假始自仁宗皇祐年間（1049～1053），據《寶慶四明志》引敕書云：

〔註101〕《宋史》，卷一六五，〈職官志〉五，「將作監」，頁 21 下。

〔註102〕《宋會要》，食貨五五之二○。

〔註103〕邱光庭《兼明書》卷四，〈霜降休百工〉條，頁 2 下。（筆記小說大觀四編第四冊，文明刊歷代善本，臺北：新興書局，民國 63 年 7 月）

〔註104〕《宋會要》，食貨五四之一五。

〔註105〕同前書，食貨五五之一九。

〔註106〕《長編》，卷六七，「真宗景德四年十二月戊申」條。

〔註107〕江少虞《皇朝類苑》，卷二一，〈官政治績〉，「諸監鑪鑄錢」條，頁 1 下。（辛亥歲武進董氏重刊本，日本京都：中文出版社，民國 66 年 11 月）

採斫兵級遇冬至、寒食，各給假三日，仍不住口食。……每歲十二
月一日，住採斫，放令歇泊。至正月四日，入役。〔註108〕

可知其採斫役兵，凡冬至、寒食皆給假三日，每年十二月一日至翌年正月四
日，則為歇泊期。且所有假期，口食均照常支給。

（三）特別休假：宋代官府工場工匠特殊休假，多在天候酷寒、暑熱，
或天災、大赦時實施之。茲據所擷史料，試作一工匠特別休假統計表（表十
三），以見一斑。

## 表十三：宋代官府工場工匠特別休假統計表

| 帝號 | 年代 | | | 休假原因 | 本　事 | 徵　引 | 備　考 |
|---|---|---|---|---|---|---|---|
| | 年 | 月 | 日 | | | | |
| 太祖 | 乾德元年（963） | 六月 | 壬辰 | 大熱 | 以大熱，罷京城營造，賜工匠等紵衣、巾履。 | 《長編》卷四。 | |
| 眞宗 | 景德元年（1004） | 六月 | 壬午 | 暑甚 | 暑甚、罷京城工役，遣使賜暍者藥。 | 《宋史》卷七。 | |
| | 二年（1005） | 六月 | 丁亥 | 盛暑 | 以盛暑，減京城役課。 | 《長編》卷六○。 | |
| | 三年（1006） | 六月 | 己卯 | 暑甚 | 放河北修城軍士休息，以暑甚故也。 | 《長編》卷六三。 | |
| | 四年（1007） | 六月 | 乙巳 | 盛暑 | 以盛暑，減京城役工日課之半，第賜緡錢。 | 《長編》卷六五。《宋史》卷七。 | |
| | 大中祥符元年（1008） | 正月 | 六日 | 天書降 | 詔左降官配隸諸州衙前者，所在件析以聞，配流徒役人及奴婢、鍼工，並放從便。黥面配隸者，具元犯取旨，以天書降也。 | 《宋會要》刑法四之四。 | |
| | | 二月 | 壬辰 | 詔賜 | 上御乾元門觀酺，詔諸營教閱，諸司工作，各賜假五日。 | 《長編》卷六八。 | 賜假五日。 |
| | | 十月 | 癸丑 | 大赦 | 大赦天下，文武遞進官勳，減免賦稅、工役各有差。 | 《宋史》卷一○二。 | 以封禪故也。 |
| | 二年（1009） | 六月 | 丁酉 | 三伏 | 詔修昭應宮役夫，三伏日執土作者，悉罷之。自餘工徒，如天氣稍涼，不須停作。 | 《長編》卷七一。 | |
| | | 十一月 | 乙亥 | 經冬隸役 | 詔諸州采木軍士，有經冬隸役者，所在休息之。 | 《長編》卷七二。 | |

〔註108〕《寶慶四明志》，卷七，〈敍兵〉，「廂兵」，頁8上。

| | | | | | | | |
|---|---|---|---|---|---|---|---|
| 眞宗 | 九年（1016） | 七月 | 戊午 | 蝗災 | 停京城工役。 | 《宋史》卷八。 | 按：是年六月起，京畿屢遭蝗災。 |
| | 天禧元年（1017） | 十一月 | 癸丑 | 民經災傷 | 詔緣黃河州軍所用捍隄木，常歲調丁夫採伐者，權住一年，以民經災傷，故也。 | 《長編》卷九〇。 | |
| | | 十二月 | 己卯 | 苦寒 | 以苦寒，罷京城役作，俟中春如舊。 | 《長編》卷九〇。 | 按：《宋史》作是月「乙亥」。 |
| 仁宗 | 慶曆三年（1043） | | | 詔釋 | 因疏理天下繫囚，詔諸路配繫役人皆釋之。 | 《宋史》卷二〇一。 | |
| | 至和二年（1055） | 三月 | 癸未 | 久不雨 | 詔諸路久不雨，民頗艱食，宜令轉運提點刑獄當職官司，出常平及軍糧借貸之。其積欠科率、折變之物，及興修工役，一切蠲罷，務以寬民。 | 《長編》卷一七九。 | |
| 哲宗 | 元祐二年（1087） | 正月 | 乙卯 | 雪寒 | 詔以雪寒，權停在京工役三日。 | 《長編》卷三九四。 | |
| | | 三月 | 己卯 | 雨雪不時 | 詔近年內外官司，和雇百姓，劃刷廂軍，興造土木，少有休息，今雨雪不時，亦恐緣此傷和，應天下見修及合行繕完處，止令合役人漸次修葺，餘閒慢處，宜權罷三年。 | 《長編》卷三九六。 | 止天下營繕三年。 |
| | | 六月 | 甲午 | 大熱 | 詔以大熱，權停在京工役三日。 | 《長編》卷四〇二。 | 停役三日。 |
| | | 十一月 | 庚午 | 雪寒 | 詔以雪寒，停在京工役三日。 | 《長編》卷四〇七。 | 停役三日。 |
| | 三年（1088） | 二月 | 甲申 | 時寒 | 詔罷修金明池橋殿，以時寒恤工徒也。 | | |
| | | | 乙酉 | 德音 | 德音：減囚罪一等，徒以下釋之，工役權放一年，流民飢貧量與應副。 | 《宋史》卷一七。 | |
| | | 六月 | 己亥 | 夏熱 | 以夏熱，權停在京工役三日。 | 《長編》卷四一二。 | |
| | | 十二月 | 丙戌 | 雪寒 | 以雪寒泥濘，免朝參五日，給役工假二日。 | 《長編》卷四一八。 | 給假三日。 |
| | 四年（1089） | 六月 | 癸亥 | 大熱 | 以大熱，給在京工役假三日。 | 《長編》卷四二九。 | 給假三日。 |

| 哲 | 六年<br>（1091） | 正月 | 癸未 | 雪寒 | 詔以雪寒，給在京工役假三日。 | 《長編》卷四五四。 | 給假三日。 |
|---|---|---|---|---|---|---|---|
| | | 六月 | 壬子 | 暑熱 | 詔以暑熱，權停在京工役三日。 | 《長編》卷四六○。 | 停役三日。 |
| | 八年<br>（1093） | 正月 | 乙巳 | 寒雪 | 詔寒雪，在京工役給假三日。 | 《長編》卷四八○。 | 給假三日。 |
| | 紹聖四年<br>（1097） | 六月 | 甲辰 | 暑熱 | 上批爲暑熱，應在京工役去處，並放假三日。 | 《長編》卷四八九。 | 放假三日。 |
| | | 十一月 | 乙丑 | 雪寒 | 御批雪寒，應在京工役給假三日。 | 《長編》卷四九三。 | 給假三日。 |
| 宗 | 元符二年（1099） | 七月 | 丁未 | 暑熱 | 上批暑熱，應在京工役，自今月十七日放假。 | 《長編》卷五一二。 | |
| 高<br><br>宗 | 紹興三年（1133） | 七月 | 己巳 | 久旱 | 詔減膳，禁屠，弛工役。 | 《宋史》卷二七。 | 按：《要錄》卷六七，是日以久旱，詔兩浙憲司親自審庶冤枉。 |
| 孝<br><br>宗 | 乾道五年（1169） | 五月 | 二十一日 | 炎熱 | 詔軍器所爲天氣炎熱，將造鐵甲去處，並權減半數目，候八月一日依舊。 | 《宋會要》職官一六之一八。 | |
| 說<br>明 | 一、本表依年代先後爲序，就其相關史料，以次列入。又凡有所考疑及休假有確實日數者，皆列入備考欄中。<br>二、本表主要史料來源有三：《長編》、《宋會要》、《宋史》等書；其餘則暫從略。 | | | | | | |

綜觀上表所舉事例，雖未能盡詳，但吾人已可知宋代官府工場工匠特別休假，1、若就其原因言，則三十三次休假中，以暑熱凡十四次爲最多，其名稱則曰大熱、暑甚、盛暑、三伏、夏熱、暑熱與炎熱等；其次多寒凡九次，曰苦寒、雪寒、寒，經冬隸役等；再次天災凡五次，曰蝗災、災傷、久不雨、雨雪不時與久旱等；又次皇帝詔赦凡四次，曰大赦、詔賜、詔釋與德音等；至於天書降，則特例中之特例，假藉口也，故僅一次。2、若就其月分言，則以六月凡十一次爲最多；其餘則依次爲正月、七月、十一月各四次，二月三次，三月、十二月各二次，五月、十月及不明月分者各一次。3、若就其日數言，則言明休假三日者九次，止天下營繕三年者一次，餘皆未明載。4、若就其對象言，則在京工役凡二十三次：北宋二十二次，南宋一次；天下諸州工役凡十次：配役罪犯與采木役兵各二次，河北修城軍士一次，其餘五次則泛指天下工役。5、若就其時次言，則以北宋較多，其中哲宗時十六次，眞宗十

二次，〔註109〕仁宗二次，太祖一次；南宋則僅高宗、孝宗各一次。6、若就其目的言，則特別休假多與天候有關，可藉此顯出帝皇之恩渥。

## 三、獎懲辦法

宋代官府工場工匠，每於造作期間，依其所造精麤良窳，舉止是否合度，而得到適當之獎賞懲罰。如軍器監東西作坊，造作必「辨其名色」，「謹其繕作」，嚴其役程，並視「精麤利鈍」而賞罰之，〔註110〕即最爲顯例。宋代官府工場工匠獎賞，可約之爲升遷與額外賜予二類；懲處則依其情罪輕重，量刑不等。茲再分升遷之法、額外賜予、懲處之法三目，述之於後：

（一）升遷之法：所謂升遷之法，猶即今之「升等制度」。宋代官府工場工匠，除可經由技術驗試升等，已詳前外，又可依年資變換等第，或以勞績入官。其中以年資變換等第者，如御前軍器所，南宋高宗紹興九年（1139）嘗詔：

> 軍器所見造御前宣賜并起樣器甲工匠王成等二十五人，已及十年工
> 課，並皆趁辦。可依本所實該二年作家甲頭例，各與轉一資。〔註111〕

其工匠王成等二十五人，因作滿十年，表現良好，皆依作家甲頭二年轉一資例升等。以勞績入官者，如哲宗元祐元年吏部奏：

> 諸色人援引舊例，僥求入官者甚眾，小不如意，則經御史臺登聞鼓
> 院訴理，若不約束，竊恐入流太冗。請今後諸色工匠、舟人、伎藝
> 之類，初無法令入官者，雖有勞績，並止此類，隨功力小大支賜。
> 其已前未經酬獎者，亦如之。〔註112〕

知元祐元年以前，諸色工匠常以勞績援例入官。且因入流太冗，吏部爲塞僥倖之途，遂請只隨「功力大小支賜」，止其入官。惟雖然如此，以勞績入官者仍眾，流弊益深。至徽宗宣和三年（1121），有司又奏：

> 比來營造去處工匠之類，節次自有支賜。有司尚敢冒法，奏請特旨，
> 與作工匠入流之人轉行，遙郡橫行，不惟礙法，緣工作之徒，與士
> 流不同，若縱之忝冒，混玷班列，顯屬泛濫。伏望特降處分，自今

〔註109〕按：蔡慧瑛《論宋眞宗大中祥符策略之運用》，頁 171～185，有「眞宗大中祥符元年至天禧五年各種災異統計表」，可參見。（中國文化大學史學研究所碩士論文，民國 69 年 7 月）

〔註110〕清高宗乾隆敕撰，《續通典》，卷三一，「職官」九，「軍器監」，頁 1321 下。（武英殿本，臺北：新興書局，民國 52 年 10 月新一版）

〔註111〕《宋會要》，職官一六之八。

〔註112〕《長編》，卷三九一，「哲宗元祐元年十一月己巳」條。

應作工匠入流之人，並轉至大夫止；雖奉特旨轉行，遙郡橫行，許

三省、樞密院執奏不行，庶幾有以革去僥倖之弊。〔註113〕

欲藉三省、樞密院執奏不行之法防制之。按：據上件史料，吾人亦可知宋代工匠雖能以勞績入官，卻仍倍受「士流」入官者輕蔑，指之爲忝冒「混玷班列」。又按：宋代工匠因勞績入官者，以神宗時之楊琰，最稱顯例。琰本杭州木工，有巧思，以預宋用臣所領營造事，得出入禁中。嘗受命修感慈塔，塔成，自言嘗貸錢九千餘貫以集事，乞納出身宣箚，求賜空敕告。熙寧七年，遂授以「右班殿直同管勾修內司」，並賜「度牒三十」，「永不磨勘」。〔註114〕且其後又「用營造勞」，「遷官未嘗止」也。〔註115〕

（二）額外賜予：額外賜予者，指工匠於正常薪資外，所受之賞賜。因其係額外而非常例，賜予時間既不定，所賜物類與對象，亦因事而異，隨處不同。茲就所摭史料，試作一額外賜予統計表（表十四），以探其詳。

## 表十四：宋代官府工場工匠額外賜予統計表

| 帝號 | 年代 | | | 賜予物類 | 賜予對象 | 本事 | 徵引 | 備考 |
|---|---|---|---|---|---|---|---|---|
| | 年 | 月 | 日 | | | | | |
| 太祖 | 乾德元年（963） | 六月 | 壬辰 | 紵、衣、巾、履 | 京城工匠 | 以大熱，罷京城營造，賜工匠等紵、衣、巾、履。 | 《長編》卷四。《宋史》卷一。 | 以大熱罷京城營造故也。 |
| | 二年（964） | 正月 | 乙巳 | 薑茶 | 京城役兵 | 賜京城役兵薑茶。 | 《長編》卷五。 | |
| | 四年（966） | 四月 | 庚戌 | 錢 | 修殿役夫 | 修崇元殿成，改曰乾元殿。召近臣諸軍校觀之，賜近臣器幣，軍校帛，役夫錢。 | 《長編》卷七。 | 以修殿成故也。 |
| | 開寶四年（971） | 七月 | 庚子 | 錢、帛 | 水磑役夫 | 幸新水磑，賜役夫錢帛。 | 《長編》卷一二。《宋史》卷二。 | 以臨幸故也。 |
| | 七年（974） | 正月 | 戊寅 | 衣、履 | 京城役卒 | 幸玄化門，賜治城壕卒衣履。 | 《長編》卷一五。 | 以臨幸故也。 |
| | 九年（976） | 八月 | 乙巳 | 錢 | 染院工人 | 幸等覺院，遂幸東染院，賜工人錢。 | 《宋史》卷三。 | 以臨幸故也。 |

〔註113〕《宋會要》，職官一之三六～三七。

〔註114〕《長編》，卷二五六，「神宗熙寧七年九月丙申朔」條。

〔註115〕同上。

| | | | | | | | | |
|---|---|---|---|---|---|---|---|---|
| 太宗 | 太平興國二年（977） | 二月 | 戊午 | 錢、布 | 造船務工人 | 幸太平興國寺，遂幸造船務，賜工徒人千錢，布一端。 | 《長編》卷一八。 | 以臨幸故也。 |
| | | 九月 | 乙未 | 錢、布 | 造弓箭院工人 | 幸造弓箭院，賜工徒人千錢，布一端。 | 《長編》卷一八。《玉海》卷一五○。 | 以臨幸故也。 |
| | | | | 錢 | 修館役夫 | 幸新修三館，賜役夫錢有差。 | 《長編》卷一八。 | 以臨幸故也。 |
| | | | 壬寅 | 衣服綵帛 | 水磑役夫 | 幸水磑，賜役夫衣服、綵帛。 | 《長編》卷一八。 | 以臨幸故也。 |
| 眞宗 | 景德元年（1004） | 四月 | 壬午 | 衣服緡錢 | 諸州休役兵 | 詔北面諸州軍休役兵，賜衣服、緡錢有差，以歲旱大熟故也。 | 《長編》卷五六。 | 以歲旱大熟故也。 |
| | | 九月 | 己巳 | 緡錢 | 京城役夫 | 令諸州兵在京執役者，兩月一賜緡錢。 | 《長編》卷五七。 | |
| | 四年（1007） | 六月 | 乙巳 | 緡錢 | 京城役工 | 以盛暑，減京城役工日課之半，第賜緡錢。 | 《長編》卷六五。 | 以盛暑故也。 |
| | 大中祥符二年（1009） | 六月 | 丙午 | 緡錢 | 鑄錢工匠 | 增饒、池二州鑄錢監，犒工匠緡錢，饒州歲十七萬，池州三十萬。 | 《長編》卷七一。 | 以增監犒賞故也。 |
| | | | 壬子 | 裝錢口糧衣服 | 諸州采木軍士 | 增給諸州采木駕栿軍士裝錢、口糧，并賜衣服。 | 《長編》卷七一。 | |
| | 三年（1010） | 九月 | 丙子 | 緡錢 | 修城役夫 | 幸左承天祥符門，觀上梁，賜從官襲衣、金帶、役夫緡錢有差。 | 《長編》卷七四。 | 以臨幸故也。 |
| | 四年（1011） | 三月 | 甲申 | 衣服緡錢 | 修殿工匠 | 幸應天禪院，賜監修太祖神御殿官及工匠、將士衣服、緡錢。 | 《長編》卷七五。 | 以臨幸故也。 |
| | 五年（1012） | 八月 | 甲辰 | 緡錢 | 采造務兵匠 | 賜秦州小洛門采造務兵匠緡錢。 | 《長編》卷七八。 | |
| | 六年（1013） | 四月 | 丙戌 | 緡錢 | 修觀工徒 | 幸新修五岳觀，賜官吏器幣、工徒緡錢有差。 | 《長編》卷八○。 | 以臨幸故也。 |
| | 七年（1014） | 九月 | 辛丑 | 緡、帛 | 兵匠 | 幸五岳觀，宴從官，賜兵匠緡、帛有差。 | 《長編》卷八三。 | 以臨幸故也。 |

| | | | | | | | |
|---|---|---|---|---|---|---|---|
| 眞<br>宗 | 八年<br>（1015） | 五月 | 乙酉 | 緡錢 | 京城役工 | 上幸東華、祥符、左銀臺、昇龍等門，及朝元殿，賜役工緡錢。 | 《長編》卷八四。 | 以臨幸故也。 |
| | | 十一月 | 丁巳 | 緡錢 | 兵匠 | 上幸會靈觀，宴近臣於祝禧殿，賜兵匠緡錢有差。 | 《長編》卷八五。 | 以臨幸故也。 |
| | 九年<br>（1016） | 三月 | 庚午 | 緡錢 | 亳州修宮兵匠 | 以亳州明道宮成，總四百八十區。詔遣內侍設醮，犒官吏，賜兵匠緡錢。 | 《長編》卷八六。 | 以修宮成故也。 |
| 仁<br>宗 | 天聖五年<br>（1027） | 正月 | 己亥 | 緡錢 | 採造務卒 | 賜秦州小洛門採造務卒緡錢。 | 《長編》卷一○五。 | |
| | 明道元年<br>（1032） | 九月 | 戊戌 | 緡錢 | 修內役卒 | 賜內役卒緡錢。 | 《長編》卷一一一。 | |
| | | 十月 | 己酉 | 緡錢 | 修內役卒 | 再賜修內役卒緡錢。 | 《長編》卷一一一。 | |
| | 康定元年<br>（1040） | 九月 | 壬戌 | 緡錢 | 採造務役卒 | 賜秦州小洛門採造物（務）役卒緡錢。 | 《長編》卷一二八。 | |
| | 慶曆元年<br>（1041） | 九月 | 乙卯 | 緡錢 | 採造務修城役卒 | 賜秦州小洛門采造務及延州修三關城役卒緡錢。 | 《長編》卷一三三。 | |
| | 二年<br>（1042） | 七月 | 甲寅 | 緡錢 | 南北作坊弓弩院工匠 | 賜南北作坊、弓弩院造軍器工匠緡錢。 | 《長編》卷一三七。 | |
| | | 九月 | 乙卯 | 緡錢 | 採造務役卒 | 賜秦州小洛門採造務役卒緡錢。 | 《長編》卷一三七。 | |
| | 嘉祐四年<br>（1059） | 六月 | 戊寅 | 緡錢 | 京城役卒 | 賜築新舊京城役卒緡錢。 | 《長編》卷一八九。 | |
| 神<br>宗 | 元豐二年<br>（1079） | 二月 | 庚子 | 銀、鞋、錢 | 作院工匠 | 詔保州作院募民為工匠，其給銀、鞋、錢，及南郊賞賜，視廂軍。 | 《長編》卷二九六。《宋會要》禮二五之一六。 | 以諸州軍作院所給，舊並係廂軍投換故也。 |
| 徽<br>宗 | 政和三年<br>（1113） | 二月 | 四日 | 錢 | 在京內外修造作匠 | 詔應在京內外修造作匠、役兵並與支賜，作匠五百文已上，役兵三百文已上。作匠不得過二貫，役兵不得過一貫。 | 《宋會要》禮六二之五一～五二。 | |
| 說明 | 一、本表依年代先後為序，就其相關史料，以次列入。又凡詳其賜予原因者，皆附載於備考欄中。<br>二、本表徵引，以《長編》為主，《宋會要》、《玉海》、《宋史》為輔；其餘則暫從略。 | | | | | | | |

綜觀上表所舉事例，可知宋代官府工場工匠所受額外賜予：

1、若就其時次言，則北宋九主，賜予者七，凡三十三次。其中以眞宗十三次爲最多；其次則依序爲仁宗八次，太祖六次，太宗四次，神宗、徽宗各一次，哲、欽二宗未見聞。

2、若就其物類言，則以錢與實物爲主，或相兼給授，或分別給授。其中錢凡三十次：緡錢二十次，錢八次，裝錢與銀各一次；實物則包括衣料（紵、帛、布、綵帛）、服飾（衣、巾、履〔屨、鞋〕）與茶食（茶、薑、口糧）等。〔註116〕

3、若就其對象言，則中央以在京修造役工爲主，凡十七次：其中京城工匠（役兵、役卒）凡九次爲最多，其餘如水磑、修殿役夫各二次，修內役卒、修（三）館役卒、修觀工徒與在京內外修造作匠各一次。此外，如染院、造船務、弓弩院、造弓箭院、南北作坊與（宮、觀）兵匠等，亦各一次。地方以採造（木）務役兵凡六次爲最多，其餘如諸州役兵、（亳州）修宮兵匠、（延州）修城役卒、鑄錢監與作院工匠等，各皆一次。

4、如就其原因與目的言，則旨在顯皇帝恩渥。其中以臨幸十三次居最，其次以修殿成二次，以大熱罷作、歲旱大熱、盛暑、增監犒賞與援用往例各一次；其餘十三次，則未知其詳。

（三）懲處之法：所謂懲處之法，猶即今之「公務人員懲戒法」；〔註117〕凡官府工場工匠，行止不合法度，皆依其情節輕重，或杖，或笞，乃至配隸、斬殺。宋代懲處官府工場工匠，史料屢有所見。茲略舉其大端，以見一斑：

1、杖笞：如太祖開寶四年，梁周翰監綾錦院，因「杖錦工過差，爲所訴」，〔註118〕知杖爲懲處工匠方法之一，惟若施之太過，則法亦不能容。又如眞宗景德三年，潤州（江蘇鎮江）造羅務工人，因「不能充課」，歲終「頗多笞箠」。〔註119〕按：潤州造羅務織羅，原限十二日成一匹，及王子輿領江淮制置使，勒減一日，以日限迫促，乃生斯事。

2、配隸：如仁宗嘉祐元年（1056）詔云：

法酒庫、內酒坊麴貨，仰逐處監官，專切用心，監轄人匠，精細絡

---

〔註116〕按：殿中省新衣庫職掌之一，即在受納衣服，以賜諸司丁匠。見《宋史》，卷一六四，〈職官志〉四，「殿中省」，頁14上。

〔註117〕按：官府工場工匠雖與胥吏有別，然就今日「公務人員懲戒法」之適用於受僱約聘人員論之，可作是喻也。

〔註118〕《長編》，卷一二，「太祖開寶四年冬十月甲申」條。

〔註119〕同前書，卷六三，「眞宗景德三年五月丁未」條。

造；候了，隔手差官看驗，如用糖心低弱，其麴匠嚴行科斷，刺配

遠惡州軍牢城。〔註120〕

知當時法酒庫、內酒坊麴匠，倘造作不如法，皆刺配遠州懲處之。〔註121〕又
如神宗熙寧七年，弓弩院工匠俞宗等千人，「黥面配京東西本城」。〔註122〕一
次竟黥面配隸千人，可知其懲處之嚴。

　　3、斬殺：如太祖建隆二年（961），因內酒坊火，工徒突入三司爲盜，酒
坊使左承規、副使田處嚴並棄市；酒工五十人，「命斬於諸門」，〔註123〕即最
爲顯例。按：工徒闖入官署重地爲盜，滋事體大，故斬殺以儆效尤。

## 四、福利措施

　　宋代官府工場對工匠之福利，以配給眷舍、醫療病患與撫卹養老三項最
爲重要，茲分述於後。

　　（一）配給眷舍：宋代官府工場工匠，住皆有「營」。營者，即當時官方
配給工匠宿舍之統稱。如《宋會要》載：「（東染院）地位窄狹，柴蒿場并工
匠營房相去遙遠，俱不便」；〔註124〕王黃州《小畜集》載：「（江州廣寧監）役
夫有營，王人有宅，總大小若干間」；〔註125〕《金石續編》載：「（韶州永通監）
冶官別署于閤之南，羣工屯營于垣之外」；〔註126〕歐陽修乞置磁（河北磁縣）、
相（河南安陽）二州作院時，亦有「所有作院工匠營房，蓋造亦已了畢」語。
〔註127〕可知當時染院、鑄錢監及作院等，均有「工匠營房」設備，以爲役匠
居住之所。

　　除「營」之外，宋代官府爲便工匠安心造作，免除後顧之憂，凡無家者，
或配以妻；有家者，或配以米糧，或許其全家在營居住。如仁宗天聖元年詔

〔註120〕《宋會要》，食貨五二之二。

〔註121〕按：先是，眞宗大中祥符六年十二月十二日，曾詔：「諸州軍酒務，委監官親
　　　　視兵匠，盡料醞釀，其有酸敗不任酤者，官吏悉均償之。」見《宋會要》，食
　　　　貨二○之五。

〔註122〕《長編》，卷二五三，「神宗熙寧七年五月庚戌」條。

〔註123〕同前書，卷二，「太祖建隆二年三月丙申」條。

〔註124〕《宋會要》，職官二九之八。

〔註125〕王黃州《小畜集》，卷一七，〈碑記〉，〈江州廣寧監記〉，頁115上。（四部叢
　　　　刊初編集部，宋刊本，臺北：臺灣商務印書館，民國54年8月臺一版）

〔註126〕《金石續編》，卷一四，〈韶州新置永通監記〉，頁46下。

〔註127〕《歐陽文忠公文集》，卷一一八，〈河北奉使奏草〉卷下，〈乞條置都作院〉，
　　　　頁933下。

云：「自今當配婦人，以妻窯務（辛）……之無家者。」〔註128〕又如眞宗大中
祥符六年詔云：「淮南諸州應緣玉清昭應宮所差民匠，月給其家米，人一石」；
〔註129〕徽宗崇寧二年（1103）蔡京奏：

> 今陝西、河中府等處，民間私鑄最多。召募私鑄人，令赴官充鑄錢
> 工匠，廣爲營屋，許其一家之人在營居止，不必限其出入，官給物
> 料，盡其一家人力鼓鑄。〔註130〕

皆其顯著之史例。

（二）醫療病患：宋代官府工場，醫療罹病工匠，考諸史籍，僅得三條。
茲錄之如下：「（眞宗景德元年〔1004〕六月）壬午，以盛暑，罷京城工役，
遣使分賜喝者藥，仍頒其方於天下。」〔註131〕「大中祥符六年四月，（八作司）
自外抽來役兵有疾病者，速差醫官治療。」〔註132〕「（高宗紹興二十八年〔1158〕）
五月十一日，詔軍器所提轄、監造，各減二員，醫官減罷。」〔註133〕蓋由是
可知，官府工場必常設置醫官，以診療患病工匠；其病患多而皆屬一種疾病
者，則或遣使分賜藥，或頒其方於天下。〔註134〕

（三）撫卹養老：撫卹者，指工匠因公殉職，官府對其家屬賜錢帛，以
示慰問；養老者，指官府安養年老匠人。撫卹之例，多見諸修造（採斫）役
卒。如太祖乾德二年（964），以安陵隧道壞，壓死役兵二百人，「命瘞之」，
「賜其家錢帛」；〔註135〕又如眞宗咸平六年（1003），以葺西華門，城摧堞
圮，笮二十餘人，死者半之，「命優卹其家」；〔註136〕大中祥符五年，皇城
累甓土摧，役卒壓死者十二人，「詔以錢帛給其家」；〔註137〕明州船場採斫

〔註128〕《長編》，卷一〇一，「仁宗天聖元年閏九月甲午」條。
〔註129〕同前書，卷八〇，「眞宗大中祥符六年五月辛亥」條。
〔註130〕《長編拾補》，卷二一，「徽宗崇寧二年二月庚午」條。按：眞宗大中祥符六
　　　　年四月，詔八作司父子相承爲匠時，許其「取便同居」。見《宋會要》，職官
　　　　三〇之八。
〔註131〕《長編》，卷五六，「眞宗景德元年六月壬午」條。
〔註132〕《宋會要》，職官三〇之八。
〔註133〕同前書，職官一六之一一。
〔註134〕按：《長編》，卷七八，「眞宗大中祥符五年秋七月庚寅」條云：「詔坊監倉庫
　　　　軍士疾病者，續其口糧，無令失所。」由是推知，官府工場工匠之疾病者，
　　　　亦當如是。
〔註135〕《長編》，卷五，「太祖乾德二年二月丁巳」條。
〔註136〕同前書，卷五五，「眞宗咸平六年八月庚午」條。
〔註137〕同前書，卷七七，「眞宗大中祥符五年夏四月甲辰」條。

役兵身死，依仁宗皇祐敕，「支錢一貫文」。〔註138〕

　　養老之例，以寧宗慶元元年（1195）戶部之奏最詳：

　　　　……修內司人兵、工匠，如遇年七十以上，委的昏耄殘疾，不任
　　　　執役之人，方許撥出額外養老。依三衙諸軍例，止支減半請給。
　　　　仍乞立定額外養老人數，遇有闕，方許撥出填補。本（戶）部照
　　　　得養老人，日後若有收使資級轉行，止依元養老日職名，批放本
　　　　處，減半請給。或特降指揮，亦乞不許批放全分。其已養老人，
　　　　遷轉准此。〔註139〕

蓋由是可知，修內司工匠，凡年滿七十，老邁殘疾，確實不堪役作者，許依
定額，撥出額外養老。其養老請給，減正常工匠之半；若有遷轉，亦以元養
老時職名，減半請給，雖特旨亦不得批改。按：此法雖行之修內司，然已可
窺見宋代官府工場工匠養老之一斑。

---

〔註138〕《寶慶四明續志》，卷七，〈敘兵〉，「廂兵」，頁8上。
〔註139〕《宋會要》，職官二七之六二～六三。

# 第五章 結 論

　　吾國官府工場,始置自先秦時代。秦漢以降,雖歷代皆有設廢,至唐始稍見規模。宋則不僅承唐制,又視其地利與需要而擴大之。其經營之專,分工之細,非惟導吾國國營事業入發展期,影響元明清皆至鉅,且在社會經濟史中,具極重要之地位。

　　宋代官府工場中央統隸機構,元豐改官制前,多由三司兼理;元豐改官制後,則入於尚書省下之戶、禮、兵與工部。地方統隸機構,則多由發運司與轉運司領其事,提點官、提舉官、監當官,或州縣長貳專其責焉。至於官府工場之組織,中央與地方亦各不同。就中央言,以少府、將作、軍器三監,屬專設機構;其餘光祿、司農、太府三寺,國子、司天二監,殿中、內侍二省,則皆有附設機構。其中工場較重要者,少府監有文思院、綾錦院、染院、裁造院及文繡院等,掌造乘輿、服御、寶冊、符印、旌節、度量權衡及祭祀、朝會展采備物等事;將作監有修內司、東西八作司、窰務、丹粉所、竹木務、簾箔場、事材場、退材場、麥麴場,及作坊物料庫第三界等,掌營繕宮室、城廓、橋梁、舟車等事;軍器監有東西作坊、作坊物料庫、皮角場、弓弩院,及御前軍器所等,掌繕治戎器什物等事;光祿寺有法酒庫、內酒坊、乳酪院,及油醋庫等,掌造法酒、酥酪、油醋等事;司農寺有都麴院、水磨務等,掌造酒麴、磨製麵粉等事;太府寺有交引庫、店宅務等,掌造有價文券,修造邸店等事;國子監有書庫官,掌刊刻版籍等事;司天監有印曆所,掌雕印曆書等事;殿中省有尚衣庫、新衣庫,及朝服法物庫等,掌造袞龍服、絳紗袍、鎮圭,及朝服、儀仗、單衣等事;內侍省有後苑造作所、後苑燒朱所等,掌造禁中及皇屬婚娶名物等事。此外,如造船務專造船艦,鑄鎬務專造銅、鐵、

鍮石及道具，御前甲丈庫專造御前甲丈，印經院專印刊佛道等經書，亦多屬專隸中央之工場。至於地方官府工場，其設置每視地利與需要而不同。重要者如，因礦產興發而置坑冶場務，因銅鐵匯聚而置鑄錢監，因材植所出而置作院或都作院，因戰防交通而置造船場務，因桑麻之利而置織造場務，因軍須民生而置酒務，因摘山之便而置茶苑等。此外，如窰務、水磨務、刻書局、交子務、會子務及會紙局等，亦皆有其特殊目的而設置。

　　宋代官府工場所需物料，多由貢品、稅物、收購或自行生產取得。其掌理機構，則中央元豐改官制前在三司，改官制後在戶部；地方則在發運司、轉運司與提舉司。所謂貢品，實際又有土貢與進貢之不同。土貢指各州軍歲貢之物，多屬地方特產；經統計得，可分服冕、器用、釀酒、兵器、染色及印書等六類，而以服冕類最多；其貢地則遍及黃河、長江流域及四川、閩廣地區，而以北宋黃河流域，南宋長江流域所占比例最多。進貢指外藩諸邦歲或間歲之貢，多屬珍異之物；經統計得，可分布帛、犀象珠玉、礦產、毛皮、染料及其他等六類，而以布帛類最多；其貢地則近者至高麗、日本、女眞、交趾，遠者至大食、麻囉拔、層檀及拂菻，凡遍及二十二國。所謂稅物，指征稅所得之物，實際又有賦稅、商稅與山澤之利之不同。賦稅指賦民之稅，亦即二稅；其稅物四大類中，帛與金鐵二類，與穀類中之稻、麥，物產類中之齒革翎毛、竹木、麻草蒭萊、油、紙、薪、炭、漆、蠟等，皆可充官府工場造作物料。商稅指征商之稅，對內有住稅、過稅，對外有市舶抽解；其中住稅、過稅多藉商稅場務，經考證得，與官府工場物料有關者，僅竹木、簾箔而已；市舶抽解多藉市舶司，視海舶物之粗細，抽解十之一至三、四。經統計得，其抽解物中，凡珍異物品、染料、布帛三類二十六品，可供官府工場造作之用。山澤之利指由山澤產物所得之利，如金、銀、銅、鐵、鉛、錫、茶、鹽、香、礬皆屬之；其中金、銀、銅、鐵、鉛、錫與礬，最關官府工場物料，故除官營外，凡官監民營者，年課之餘，復抽解十之二。所謂收購，又稱科率、科市、科買、和買或和市，乃官府工場物料最主要之來源。其總領機構，元豐改官制前爲三司，改官制後爲戶部、太府寺；其執行機構，中央多由雜買務專其責，地方分由發運司、轉運司、提舉司，或州縣長貳領其事。其收購物經統計得，可分製衣、珍異、軍器、鑄鎬、造船、營繕、染料及其他等八類；收購本錢，則爲現錢、絹帛、度牒或會子等。所謂自行生產，指由官府逕行設場，直接生產相關物料，以應所需。此等工場，既爲造作機

構，又爲提供物料單位，實具雙重功能。

　　宋代官府工場所需工匠，主要來自民間、軍中與罪犯；此外，官府工場相互撥使，當亦爲方法之一。工匠來自民間者，男女工外，亦兼及童工；其方法多以招募爲主，並視緩急輔之以麟差、抽括拘刷或調遣。其中招募又有和雇、添招等異名；經統計得，主要對象有工匠、坑戶與民戶等，工匠包括一般作匠、人匠，及手高匠人，坑戶包括私鑄人，民戶包括飢民；徵集單位有作院、都作院、文思院、文繡院、度牒庫等；工作則以造戎器、鑄錢、煉礬、坑冶、興造土木、修蓋宮室等爲主。麟差又稱當行，各行皆需祗應官府所需，以次輪差行戶工匠。抽括拘刷乃官府工場爲特殊造作、杜絕私營、事關國防，徵集工匠之法。調遣乃官府爲應一時之需，大量徵集工匠之法。工匠之來自軍中者，又有軍匠與役兵之不同。軍匠又稱兵匠，多具專門手藝，且依高下分等，以其繫籍軍中，故名之；經統計得，其徵集單位，中央有將作監、軍器所及店宅務等，地方有鑄錢監、作院、造船務、織造場，及酒務等；徵集人數，常視造作規模與需要，於一定時限內，由數十人至數千人不等；徵發區域，則中央以在京係役兵士爲主，不足始由外路勾抽，地方以原配置兵匠及外州軍撥差爲主。役兵指專充力役之正規軍，除廂軍外，亦常兼及部分禁軍。其中廂軍供役單位，經統計得，建隆至熙寧期，中央專隸三司提舉司者有十四類，隸三司提舉司與開封府共同管轄者八類；地方則分布十有二路，凡二十七類，以專供造船者最多，其次爲軍器製造、採造、釀酒及雜役等，元豐至北宋末期，中央廂軍多隨改官制而改隸；地方亦隨行政區畫之省併，分布八路，凡二十三類，惟其工作性質多仍舊制。南宋期，因秦嶺、淮水以北悉陷於金，中央與地方廂軍，乃多有置廢損益。工匠之來自罪犯者，以其編配入役所致，故多屬權宜性質，且需教習造作。經統計得，徵用此類工匠，中央有將作監、八作司、東窰務、南北作坊及店宅務等，地方有採造務、坑冶務、西窰務、鑄錢監、作院，及造船場等。工匠之來自官府工場相互撥使者，又有相互抽差、分撥轉併之不同。相互抽差多視造作緩急實行之，或由中央互抽，或由中央抽至地方，或由地方互差。分撥轉併多視工場興廢實施之，自相關單位，中央對中央，地方對地方，作對等性之分撥或轉併。

　　宋代官府工場工匠待遇，除作有薪資、息有定制、工有獎懲外，且多福利措施，堪謂龐雜中不失章法。其中薪資給付，現錢與實物兼有之，但又有逐日計酬、按月計酬，與日月並計之不同，並視其出身與手藝高下分等。逐

日計酬者，乃因其工作有季節性，或時日短暫所致；按月計酬者，乃因其歲造有常，常雇在場所致；日月並計者，則以日支給現錢，以月配給米糧也。休假制度，除國有明令之一般休假外，又有個案休假與特別休假。個案休假視各工場造作性質而定，特別休假則於天候酷寒、暑熱，或天災、大赦時實施之。獎懲辦法，多依造作精麤良窳，舉止是否合度而定。獎者，準其年資、勞績，或變換等第，或入官，或額外賜予；懲者，則視其情節輕重，或杖笞，或配隸，或甚而斬殺。至於福利措施，則多按工匠實際需要，或配給眷舍，或療其病患，或撫卹養老。

　　宋代官府工場積極發展結果，對當代社會經濟，有極深厚之影響。其要者如，是否促進民間手工業與商業亦相對發達，是否促進手工業造作技術均普遍提昇，是否因物料需求過甚而民不堪其苦，是否因工匠徵調過繁而民不勝其役，乃至於民間手工業與官府工場關係究竟如何等，均因限於本文題旨，未曾論析。有待日後，繼續探討云。

# 參考書目

## 一、重要史料

1. 丁特起，《靖康紀聞》，一卷，另《拾遺》一卷，文明刊歷代善本，臺北，新興書局影印，民國 64 年 2 月。（筆記小說大觀六編第三冊）

2. 方勺，《泊宅編》，三卷，文明刊歷代善本，臺北，新興書局影印，民國 63 年 5 月。（筆記小說大觀三編第二冊）

3. 王存，《元豐九域志》，十卷，聚珍版叢書，臺北，藝文印書館影印，民國 54 至 59 年。（叢書集成之二七）

4. 王泳，《燕翼貽謀錄》，五卷，仿宋刻本，臺北，新興書局影印，民國 64 年 9 月。（筆記小說大觀八編第二冊）

5. 王洋，《東牟集》，十四卷，全二冊，四庫全書珍本初集，文淵閣本，臺北，臺灣商務印書館影印，民國 58 至 59 年。

6. 王稱，《東都事略》，一百三十卷，全四冊，臺北，文海出版社影印，民國 56 年 1 月。（宋史資料萃編第一輯）

7. 王讜，《唐語林》，八卷，文明刊歷代善本，臺北，新興書局影印，民國 65 年 7 月。（筆記小說大觀十三編第四冊）

8. 王安石，《臨川先生文集》，一百卷，另目錄二卷，四部叢刊初編，明刊本，臺北，臺灣商務印書館影印，民國 54 年 8 月。

9. 王明清，《玉照新志》，六卷，文明刊歷代善本，臺北，新興書局影印，民國 63 年 7 月。（筆記小說大觀四編第三冊）

10. 王禹偁，《小畜集》，三十卷，另附札記，四部叢刊初編，常熟瞿氏藏宋刊配舊鈔本，臺北，臺灣商務印書館影印，民國 54 年 8 月。

11. 王應麟，《玉海》，二百零四卷，全八冊，合璧本，臺北，大化書局影印，民國 66 年 12 月。

12. 王闢之，《澠水燕談錄》，十卷，文明刊歷代善本，臺北，新興書局影印，民國 62 年 7 月。（筆記小說大觀續編第三冊）

13. 元稹，《元氏長慶集》，六十卷，四部叢刊初編，明刊本，臺北，臺灣商務印書館影印，民國 54 年 8 月。

14. 孔平仲，《談苑》，四卷，文明刊歷代善本，臺北，新興書局影印，民國 63 年 7 月。（筆記小說大觀四編第四冊）

15. 永亨，《搜采異聞錄》，五卷，文明刊歷代善本，臺北，新興書局影印，民國 62 年 4 月。（筆記小說大觀正編第二冊）

16. 司馬光，《溫國文正司馬公文集》，八十卷，四部叢刊初編，常熟瞿氏藏宋紹興本，臺北，臺灣商務印書館影印，民國 54 年 8 月。

17. 江少虞，《皇朝類苑》，七十八卷，另目錄一卷，辛亥歲武進董氏重刊本，日本京都，中文出版社影印，民國 66 年 11 月。

18. 江休復，《醴泉筆錄》，二卷，文明刊歷代善本，臺北，新興書局影印，民國 64 年 2 月。（筆記小說大觀六編第四冊）

19. 朱弁，《曲洧舊聞》，十卷，文明刊歷代善本，臺北，新興書局影印，民國 62 年 7 月。（筆記小說大觀續編第三冊）

20. 朱肱，《酒經》，三卷，文明刊歷代善本，臺北，新興書局影印，民國 64 年 2 月。（筆記小說大觀六編第二冊）

21. 朱彧，《萍洲可談》，三卷，文明刊歷代善本，臺北，新興書局影印，民國 66 年 8 月。（筆記小說大觀十九編第三冊）

22. 朱熹，《朱文公文集》，一百卷，另續集十一卷，別集十卷，全二冊，四部叢刊初編，明刊本，臺北，臺灣商務印書館影印，民國 54 年 8 月。

23. 朱熹、李幼武，《宋名臣言行錄五集》，七十五卷（前集十卷、後集十四卷，續集八卷，別集二十六卷，外集十七卷），全三冊，清同治歲次戊辰臨川桂氏重修本，臺北，文海出版社影印，民國 56 年 1 月。（宋史資料萃編第一輯）

24. 沈括，《夢溪筆談》，二十六卷，另補筆談三卷，續筆談一卷（十一篇），文明刊歷代善本，臺北，新興書局影印，民國 64 年 12 月。（筆記小說大觀十編第一冊）

25. 宋子安，《東溪試茶錄》，一卷，文明刊歷代善本，臺北，新興書局影印，民國 64 年 11 月。（筆記小說大觀九編第六冊）

26. 杜佑，《通典》，二百卷，武英殿本，臺北，新興書局影印，民國 48 年 5 月。

27. 李石，《方舟集》，二十四卷，全二冊，四庫全書珍本初集，文淵閣本，臺北，臺灣商務印書館影印，民國 58 至 59 年。

28. 李壆，《皇宋十朝綱要》，二十五卷，臺北，文海出版社影印，民國 56 年

1月。（宋史資料萃編第一輯）

29. 李燾，《續資治通鑑長編》，六百卷，全十五冊，新定本，臺北，世界書
局印行，民國53年9月。

30. 李心傳，《建炎以來朝野雜記》，甲乙集各二十卷，全二冊，明鈔校聚珍
本，臺北，文海出版社影印，民國56年1月。（宋史資料萃編第一輯）

31. 李心傳，《建炎以來繫年要錄》，二百卷，附年譜，全十冊，清光緒庚子
廣雅書局刊本，臺北，文海出版社影印，民國57年1月。（宋史資料萃
編第二輯）

32. 李若水等修，《宋太宗實錄》，二十卷（全八十卷），四部叢刊三編，海鹽
張氏涉園藏宋館閣寫本，臺北，臺灣商務印書館影印，民國65年6月。

33. 吳曾，《能改齋漫錄》，十八卷，文明刊歷代善本，臺北，新興書局影印，
民國62年7月。（筆記小說大觀續編第三冊）

34. 吳自牧，《夢粱錄》，二十卷，文明刊歷代善本，臺北，新興書局影印，
民國62年4月。（筆記小說大觀正編第二冊）

35. 呂陶，《淨德集》，三十八卷，全四冊，四庫全書珍本別輯，文淵閣本，
臺北，臺灣商務印書館影印，民國64年。

36. 何薳，《春渚紀聞》，六卷，文明刊歷代善本，臺北，新興書局影印，民
國63年7月。（筆記小說大觀四編第三冊）

37. 孟元老，《東京夢華錄》，十卷，清刻本，臺北，新興書局影印，民國64
年11月。（筆記小說大觀九編第五冊）

38. 周淙，《乾道臨安志》，十五卷（缺卷四至十五），清光緒四年刊式訓堂叢
書本，臺北，中國地志研究會影印，民國67年8月。（宋元地方志叢書
第八冊）

39. 周密，《武林舊事》，十卷，文明刊歷代善本，臺北，新興書局影印，民
國62年7月。（筆記小說大觀續編第四冊）

40. 周密，《癸辛雜識》，六卷，文明刊歷代善本，臺北，新興書局影印，民
國63年5月。（筆記小說大觀三編第三冊）

41. 周輝，《清波雜志》，十二卷，另別志三卷、跋一卷，文明刊歷代善本，
臺北，新興書局影印，民國62年4月。（筆記小說大觀正編第一冊）

42. 周去非，《嶺外代答》，十卷，文明刊歷代善本，臺北，新興書局影印，
民國62年7月。（筆記小說大觀續編第三冊）

43. 周應合，《景定建康志》，五十卷，另有卷首，全十二冊，四庫全書珍本
九集，文淵閣本，臺北，臺灣商務印書館影印，民國67年。

44. 邱光庭，《兼明書》，五卷，文明刊歷代善本，臺北，新興書局影印，民
國63年7月。（筆記小說大觀四編第四冊）

45. 岳珂，《愧郯錄》，十五卷，文明刊歷代善本，臺北，新興書局影印，民

國 62 年 4 月。（筆記小說大觀正編第一冊）

46. 洪邁，《夷堅丙志》，二十卷，文明刊歷代善本，臺北，新興書局影印，
民國 64 年 9 月。（筆記小說大觀八編第四冊）

47. 洪邁，《容齋隨筆》，全五筆，七十四卷，文明刊歷代善本，臺北，新興
書局影印，民國 62 年 7 月。（筆記小說大觀續編第三冊）

48. 施宿，《嘉泰會稽志》，二十卷，民國 15 年景印清嘉慶十三年刊本，臺北，
中國地志研究會影印，民國 67 年 8 月。（宋元地方叢書第十冊）

49. 施諤，《淳祐臨安志》，十卷（缺卷一至四），清光緒七年刊武林掌故叢編
本，臺北，中國地志研究會影印，民國 67 年 8 月。（宋元地方志叢書第
八冊）

50. 范曄，《後漢書》，一百二十卷，百衲本，臺北，臺灣商務印書館影印，
民國 56 年 7 月。

51. 范鎮，《東齋記事》，五卷，另《補遺》一卷，文明刊歷代善本，臺北，
新興書局影印，民國 66 年 3 月。（筆記小說大觀十六編第一冊）

52. 范仲淹，《范文正公集》，二十卷，另別集四卷、奏議二卷、尺牘三卷，
並附年譜，四部叢刊初編，明翻元刊本，臺北，商務印書館影印，民國
54 年 8 月。

53. 范成大，《吳船錄》，二卷，文明刊歷代善本，臺北，新興書局影印，民
國 62 年 7 月。（筆記小說大觀續編第四冊）

54. 范成大，《桂海虞衡志》，一卷，文明刊歷代善本，臺北，新興書局影印，
民國 64 年 2 月。（筆記小說大觀六編第二冊）

55. 范祖禹，《范太史集》，五十五卷，全四冊，四庫全書珍本初集，文淵閣
本，臺北，臺灣商務印書館影印，民國 58 至 59 年。

56. 紀昀等纂修，《欽定授時通考》，七十八卷，全八冊，四庫全書珍本五集，
文淵閣本，臺北，臺灣商務印書館影印，民國 63 年。

57. 俞文豹，《吹劍錄外集》，一卷，文明刊歷代善本，臺北，新興書局影印，
民國 62 年 7 月。（筆記小說大觀續編第四冊）

58. 柯維騏，《宋史新編》，二百卷，臺北，文海出版社影印，民國 63 年 12
月。

59. 高承，《事物紀原》，十卷，全二冊，四庫全書珍本十二集，文淵閣本，
臺北，臺灣商務印書館影印，民國 71 年。

60. 班固，《漢書》，一百二十卷，百衲本，臺北，臺灣商務印書館影印，民
國 56 年 7 月。

61. 馬端臨，《文獻通考》，三百四十八卷，全二冊，武英殿本，臺北，新興
書局影印，民國 52 年 10 月。

62. 晁說之，《晁氏客語》，一卷，文明刊歷代善本，臺北，新興書局影印，

民國 64 年 2 月。（筆記小說大觀六編第三冊）

63. 眞德秀，《西山政訓》，一卷，文明刊歷代善本，臺北，新興書局影印，
民國 63 年 7 月。（筆記小說大觀四編第四冊）

64. 徐松輯，《宋會要輯稿》，全十六冊，十七門，上海大東書局印刷所影印
本，臺北，世界書局影印，民國 53 年 6 月。

65. 徐兢，《宣和奉使高麗圖經》，四十卷，文明刊歷代善本，臺北，新興書
局影印，民國 62 年 7 月。（筆記小說大觀續編第一冊）

66. 徐夢莘，《三朝北盟會編》，二百五十卷，全四冊，清光緒四年歲次戊寅
越東集印本，臺北，文海出版社影印，民國 51 年 9 月。

67. 清高宗敕撰，《續通典》，一百五十卷，武英殿本，臺北，新興書局影印，
民國 52 年 10 月。

68. 梁克家，《淳熙三山志》，四十二卷，全四冊，四庫全書珍本六集，文淵
閣本，臺北，臺灣商務印書館影印，民國 65 年。

69. 張津，《乾道四明圖經》，十二卷，另附校勘記九卷，清咸豐四年刊本，
臺北，中國地志研究會影印，民國 67 年 8 月。（宋元地方志叢書第八冊）

70. 張淏，《會稽續志》，八卷，民國十五年景印清嘉慶十三年刊本，臺北，
中國地志研究會影印，民國 67 年 8 月。

71. 張九齡，《唐六典》，三卷，全三冊，四庫全書珍本六集，文淵閣本，臺
北，臺灣商務印書館影印，民國 65 年。

72. 張方平，《樂全集》，四十卷，全四冊，四庫全書珍本初集，文淵閣本，
臺北，臺灣商務印書館影印，民國 58 至 59 年。

73. 張世南，《游宦紀聞》，十卷，文明刊歷代善本，臺北，新興書局影印，
民國 62 年 7 月。（筆記小說大觀續編第三冊）

74. 張孝祥，《于湖居士文集》，四十卷，四部叢刊初編，慈谿李氏藏宋本，
臺北，臺灣商務印書館影印，民國 54 年 8 月。

75. 張舜民，《畫墁集》，九卷，文明刊歷代善本，臺北，新興書局影印，民
國 62 年 7 月。（筆記小說大觀續編第三冊）

76. 莊季裕，《雞肋編》，三卷，文明刊歷代善本，臺北，新興書局影印，民
國 68 年 10 月。（筆記小說大觀三十編第一冊）

77. 陳均，《宋本皇朝編年綱目備要》，三十卷（《皇朝編年備要》二十五卷、
《九朝編年備要》五卷），全二冊，靜嘉堂叢書本，臺北，成文出版社影
印，民國 55 年 4 月。

78. 陳師道，《後山談叢》，四卷，文明刊歷代善本，臺北，新興書局影印，
民國 63 年 7 月。（筆記小說大觀四編第三冊）

79. 陳傅良，《止齋先生文集》，五十二卷，四部叢刊初編，烏程劉氏藏明弘
治本，臺北，臺灣商務印書館影印，民國 54 年 8 月。

80. 陸耀遹，《金石續編》，二十一卷，全十二冊，原刻本，臺北，藝文印書館影印，民國 55 年（石刻史料叢書甲編之八）

81. 陶宗儀，《輟耕錄》，三十卷，文明刊歷代善本，臺北，新興書局影印，民國 64 年 7 月。（筆記小說大觀七編第一冊）

82. 梅應發，《開慶四明續志》，十二卷，清咸豐四年刊本，臺北，中國地志研究會影印，民國 67 年 8 月。（宋元地方志叢書第八冊）

83. 脫脫，《宋史》，四百九十六卷，百衲本，臺北，臺灣商務印書館影印，民國 56 年 7 月。

84. 曾鞏，《隆平集》，二十卷，全二冊，清康熙辛巳年七業堂校本，臺北，文海出版社影印，民國 56 年 1 月。（宋史資料萃編第一輯）

85. 曾公亮，《武經總要》，前後集各二十卷，全六冊，四庫全書珍本初集，文淵閣本，臺北，臺灣商務印書館影印，民國 58 至 59 年。

86. 曾敏行，《獨醒雜志》，十卷，文明刊歷代善本，臺北，新興書局影印，民國 62 年 4 月。（筆記小說大觀正編第一冊）

87. 費著，《蜀錦譜》，一卷，明刊本，臺北，新興書局影印，民國 59 年 11 月。（續百川學海第五冊）

88. 彭乘，《墨客揮犀》，十卷，文明刊歷代善本，臺北，新興書局影印，民國 62 年 4 月。（筆記小說大觀正編第一冊）

89. 彭百川，《太平治蹟統類》，三十卷，全三冊，校玉玲瓏閣鈔本，臺北，成文出版社影印，民國 55 年 4 月。

90. 黃榦，《勉齋集》，四十卷，全五冊，四庫全書珍本二集，文淵閣本，臺北，臺灣商務印書館影印，民國 60 年。

91. 黃震，《黃氏日抄》，九十七卷（缺卷八十一、八十九、九十二），全十六冊，四庫全書珍本二集，文淵閣本，臺北，臺灣商務印書館影印，民國 60 年。

92. 黃以周，《續資治通鑑長編拾補》，六十卷，附於《續資治通鑑長編》中，新定本，臺北，世界書局印行，民國 53 年 9 月。

93. 程俱，《北山小集》，四十卷，四部叢刊續編，江安傅氏雙鑑樓藏景宋寫本，臺北，臺灣商務印書館影印，民國 65 年 6 月。

94. 程俱，《麟臺故事》，五卷，另《拾遺》二卷，文明刊歷代善本，臺北，新興書局影印，民國 66 年 5 月。（筆記小說大觀十七編第一冊）

95. 葉適，《水心先生文集》，二十九卷，四部叢刊初編，烏程劉氏藏明正統本，臺北，臺灣商務印書館影印，民國 54 年 8 月。

96. 葉夢得，《石林燕語》，十卷，文明刊歷代善本，臺北，新興書局影印，民國 62 年 7 月。（筆記小說大觀續編第一冊）

97. 楊仲良，《續資治通鑑長編紀事本末》，一百五十卷，全六冊，清光緒十

九年廣雅書局刊本，臺北，文海出版社影印，民國 56 年 11 月。（宋史資料萃編第二輯）

98. 楊萬里，《誠齋集》，一百三十三卷，全二冊，四部叢刊初編，日本鈔宋本，臺北，臺灣商務印書館影印，民國 54 年 8 月。

99. 趙昇，《朝野類要》，五卷，文明刊歷代善本，臺北，新興書局影印，民國 62 年 4 月。（筆記小說大觀正編第二冊）

100. 趙汝愚，《宋名臣奏議》，一百五十卷，全十六冊，四庫全書珍本初集，文淵閣本，臺北，臺灣商務印書館影印，民國 58 至 59 年。

101. 趙汝礪，《北苑別錄》，一卷，附於《宣和北苑貢茶錄》中，四庫全書珍本別輯，文淵閣本，臺北，臺灣商務印書館影印，民國 64 年。

102. 趙希鵠，《洞天清祿集》，一卷，讀畫齋叢書，臺北，藝文印書館影印，民國 54 至 59 年。（叢書集成之三九）

103. 趙彥衛，《雲麓漫鈔》，四卷，文明刊歷代善本，臺北，新興書局影印，民國 62 年 4 月。（筆記小說大觀正編第二冊）

104. 熊蕃，《宣和北苑貢茶錄》，一卷，四庫全書珍本別輯，文淵閣本，臺北，臺灣商務印書館影印，民國 64 年。

105. 潛說友，《咸淳臨安志》，一百零四卷（缺卷九十、九十八、九十九、一百四），另附札記三卷，清道光十年刊本，臺北，中國地志研究會影印，民國 67 年 8 月。（宋元地方志叢書第七冊）

106. 蔡絛，《鐵圍山叢談》，六卷，文明刊歷代善本，臺北，新興書局影印，民國 62 年 4 月。（說庫第一冊）

107. 歐陽修，《新唐書》，二百二十五卷，百衲本，臺北，臺灣商務印書館影印，民國 56 年 7 月。

108. 歐陽修，《歐陽文忠公文集》，一百五十三卷，另附錄五卷，四部叢刊初編，元刊本，臺北，臺灣商務印書館影印，民國 54 年 8 月。

109. 樓鑰，《攻媿集》，一百一十二卷，全二冊，四部叢刊初編，武英殿聚珍版，臺北，臺灣商務印書館影印，民國 54 年 8 月。

110. 樂史，《太平寰宇記》，一百卷，另補闕一冊，清重校刊本，臺北，文海出版社影印，民國 52 年 5 月。

111. 謝采伯，《密齋筆記》，五卷，文明刊歷代善本，臺北，新興書局影印，民國 68 年 10 月。（筆記小說大觀三十編第十冊）

112. 魏了翁，《鶴山大全集》，一百一十卷，四部叢刊初編，烏程劉氏嘉業堂藏宋刊本，臺北，臺灣商務印書館影印，民國 54 年 8 月。

113. 羅濬，《寶慶四明志》，二十一卷，清咸豐四年刊本，臺北，中國地志研究會影印，民國 67 年 5 月。（宋元地方志叢書第八冊）

114. 羅大經，《鶴林玉露》，十六卷，文明刊歷代善本，臺北，新興書局影印，

民國 62 年 7 月。（筆記小說大觀續編第四冊）

115. 蘇轍，《欒城集》，八十四卷，四部叢刊初編，明活字印本，臺北，臺灣商務印書館影印，民國 54 年 8 月。

116. 釋文瑩，《玉壺清話》，十卷，文明刊歷代善本，臺北，新興書局影印，民國 62 年 7 月。（筆記小說大觀續編第三冊）

117. 不著撰人，《兩朝綱目備要》，十六卷，全二冊，臺北，文海出版社影印，民國 56 年 1 月。（《宋史》資料萃編第一輯）

118. 不著撰人，《周禮》，十二卷，四部叢刊初編，長沙葉氏藏明翻宋岳氏相台本，臺北，臺灣商務印書館影印，民國 54 年 8 月。

119. 不著撰人，《皇宋中興兩朝聖政》，六十四卷，全三冊，宛委別藏影宋鈔本，臺北，文海出版社影印，民國 56 年 1 月。（宋史資料萃編第一輯）

120. 不著撰人，《靖康要錄》，十六卷，全二冊，清光緒壬辰烏程李延适署本，臺北，文海出版社影印，民國 56 年 1 月。（宋史資料萃編第一輯）

## 二、一般論著

### （一）專書

1. 方豪，《宋史》，臺北，中國文化大學出版部印行，民國 68 年 10 月新一版，430 頁。

2. 王志瑞，《宋元經濟史》，臺北，臺灣商務印書館影印，民國 58 年 4 月臺一版，145 頁。

3. 王國維，《五代兩宋監本考》，三卷，臺北，臺灣商務印書館影印，民國 65 年 12 月。

4. 加藤繁，《中國經濟史考證》（中譯本），臺北，華世出版社印行，民國 65 年 6 月，864 頁。

5. 全漢昇，《中國經濟史研究》中冊，香港，新亞研究所印行，民國 65 年 3 月，308 頁。

6. 全漢昇，《中國經濟史論叢》第一、二冊，香港，新亞研究所印行，民國 61 年 8 月，815 頁。

7. 宋晞，《宋史研究論叢》第一輯，臺北，中國文化研究所印行，民國 68 年 7 月再版，204 頁。

8. 宋晞，《宋史研究論叢》第二輯，臺北，中國文化研究所印行，民國 69 年 2 月再版，276 頁。

9. 李約瑟（Joseph Needham）著、陳立夫主譯，《中國之科技與文明》第八冊，臺北，臺灣商務印書館影印，民國 69 年 8 月三版，534 頁。

10. 李劍農，《宋元明經濟史稿》，北京，三聯書店印行，民國 46 年 4 月初版，297 頁。

11. 陶晉生，《中國近古史》，臺北，東華書局印行，民國 68 年 10 月初版，274 頁。

12. 馮承鈞校注，《諸蕃志校注》，臺北，臺灣商務印書館印行，民國 59 年 9 月臺一版，151 頁。

13. 劉伯驥，《宋代政教史》上、下冊，臺北，東華書局印行，民國 60 年 12 月初版，1661 頁。

14. 劉道元，《兩宋田賦制度》，臺北，食貨出版社印行，民國 67 年 12 月再版，190 頁。

15. 謝和耐（Jacques Gernet）原著、馬德程譯，《南宋社會生活史》，臺北，中國文化大學出版部印行，民國 71 年 3 月出版，227 頁。

16. 戴裔煊，《宋代鈔鹽制度研究》，上海，商務印書館印行，民國 46 年 8 月，382 頁。

17. 鞠清遠，《唐宋官私工業》，臺北，食貨出版社印行，民國 67 年 12 月再版，196 頁。

## （二）論文

1. 方豪，〈宋代佛教對中國印刷及造紙之貢獻〉，《大陸雜誌》第四十一卷第四期，民國 59 年 8 月，頁 15～23。

2. 王方中，〈宋代民營手工業的社會經濟性質〉，《歷史研究》第二期，民國 48 年，頁 39～57。

3. 孔經緯、李普國，〈關於宋朝富裕普通工商業者成長的某些事實〉，《歷史教學問題》第三期，民國 46 年 6 月，頁 26～27。

4. 石文濟，《宋代市舶司的設置與職權》，中國文化大學史學研究所碩士論文，民國 54 年 5 月，152 頁。

5. 史宏達，〈試論宋元明三代綿紡織生產工具發展的歷史過程〉，《歷史研究》第四期，民國 46 年，頁 19～42。

6. 白壽彝、王毓銓，〈說秦漢到明末官手工業和封建制度的關係〉，《歷史研究第五期，民國 43 年 10 月，頁 63～98。

7. 朱重聖，《北宋茶之生產、管理與運銷》，中國文化大學史學研究所博士論文，民國 69 年 1 月，552 頁。

8. 全漢昇，〈宋代女子職業與生計〉，《食貨》半月刊第一卷第九期，民國 24 年 4 月 1 日，頁 5～10。

9. 杜光簡，〈唐宋兩代產絲地域考〉，《責善》半月刊第二卷第五期，民國 30 年 5 月 15 日，頁 7～16。

10. 季子涯，〈宋代手工業簡況〉，《歷史教學》第五期，民國 44 年 5 月，頁 10～14。

11. 柯昌基，〈宋代雇傭關係的初步探索〉，《歷史研究》第二期，民國 46 年，頁 23～48。

12. 張秀民，〈宋孝宗時代刻書略述〉，《圖書館學》季刊第十卷第三期，民國 25 年 9 月，頁 385～396。

13. 張其昀，〈南宋都城之杭州〉，《史地學報》第三卷第七期，民國 14 年 5 月，頁 83～96。

14. 程光裕，〈宋代茶書考略〉，《宋史研究集》第八輯，臺灣，中華叢書編纂委員會印行，民國 65 年 1 月，頁 415～444。

15. 程光裕，〈宋代川茶之產銷〉，《宋史研究集》第一輯，臺灣，中華叢書編纂委員會印行，民國 47 年 6 月，頁 279～293。

16. 趙葆寓，〈宋朝的和買演變爲賦稅的歷史過程〉，《社會科學戰線》，民國 71 年第二期，頁 131～136。

17. 趙雅書，〈宋代農家經營之蠶絲業〉，《國立臺灣大學歷史學系學報》第三期，民國 65 年 5 月 3 日，頁 119～129。

18. 趙雅書，〈宋代蠶絲業的地理分布〉，《史原》第三期，民國 61 年 9 月，頁 65～94。

19. 蔡慧瑛，《論宋真宗「大中祥符」策略之運用》，中國文化大學史學研究所碩士論文，民國 69 年 7 月，227 頁。

20. 錢穆，〈記三國至五代北方絲業盛衰〉，《責善》半月刊第二卷第五期，民國 30 年 5 月 15 日，頁 5～6。

21. 鞠清遠，〈南宋官吏與工商業〉，《食貨》半月刊第二卷第八期，民國 24 年 9 月 15 日，頁 37～39。

22. 鞠清遠，〈元代係官匠戶之研究〉，《食貨》半月刊第一卷第九期，民國 24 年 4 月 1 日，頁 11～45。

23. 羅伯・哈特威爾（Robert Hartwell）著、宋晞譯，〈北宋的煤鐵革命〉，《新思潮》第九十二期，民國 51 年 3 月，頁 22～25。

# 附錄：略論宋代北方瓷器銘記與民間製瓷業的發展

## 前　言

　　宋代手工業在當代社會繁榮、商品經濟日趨發達的環境中，以及與民生需求緊密結合的產銷特性下，各行各業皆頗有可觀。然而有關手工業的研究，過去受限於文獻資料不足，以及官方記錄多於民間的缺憾，往往只能就官營手工業作較充分的討論。但隨著考古資料日增，可供研究的材料──文字與實物皆愈見豐富。個人曾就宋代官府工場作過一些研究，但長久以來更留心於各類民間手工業的發展資料。其中，尤其對瓷器的生產製造、發展演變多所興趣。〔註1〕

　　五十年來有關宋代瓷窯遺址的調查、發現與發掘，就其地域分布來看，堪稱「星羅棋布，遍於南北各地」。今日陶瓷史學者根據各窯產品工藝、釉色、造型、裝飾的異同，認為形成窯系或風格者，大致有八：即北方的定窯、鈞窯、磁州窯、耀州窯，南方的越窯、景德鎮青白瓷、龍泉青瓷、建窯。〔註2〕

〔註1〕　自1990年秋以來，筆者曾數次前往大陸地區相關宋代瓷窯遺址實地考察，參：拙著，〈中原地區古窯址考察紀行〉，《中華文學會1990年年刊》（臺北：中華文物學會發行，1990），頁160～169。

〔註2〕　按：有分為六大窯系者，如馮先銘等（中國硅酸鹽學會）主編，《中國陶瓷史》（北京：文物出版社，1982），第六章宋、遼、金的陶瓷，頁229；有分為八大窯系者，如李輝柄，《宋代官窯瓷器》（北京：紫禁城出版社，1992）一、官窯概說，頁3～4。另，有以瓷窯風格稱之者，如稱磁州窯風格，參長谷部

　　瓷器銘記，是指在瓷器上以書寫、刻劃或模印方式所留下的文字與記號，一般亦稱為銘文、題記或款識。隨著陶瓷史的發展，瓷器銘記最早出現於東漢，此後銘記作品漸增，至宋代資料愈多，銘記字數有僅一字、半字者，有多至數十、百餘字者，內容更是包羅萬象。有關瓷器銘記的研究，目前多屬歷代通論性質，〔註3〕尚無專論宋代者。〔註4〕有鑑於宋代瓷窯遺址範圍之廣大，以及個人能力之有限，本文將先以宋代北方主要瓷窯：定窯、磁州窯、耀州窯之瓷器銘記為探討對象，〔註5〕就相關出土資料，包括瓷窯遺址調查、發掘報告，以及文獻資料、傳世品、近人研究成果等，加以分類、表列，最後再略述其反映在製瓷手工業上之意義。〔註6〕

## 一、定窯系瓷器銘記

　　定窯為宋代著名瓷窯之一，窯址在今河北省曲陽縣澗磁村及東西燕山村。曲陽縣在北宋時隸河北西路之定州，瓷窯始燒於唐，終於元代，以白瓷馳名，亦有黑定、紫定、綠定及磁州窯風格等產品，印花、覆燒為其燒製工藝特色。影響所及山西省平定窯、孟縣窯、陽城窯、介休窯、霍縣窯，四川省彭縣窯，江西省吉安窯和景德鎮窯都燒製具有定窯風格或某些特徵的瓷器，而形成定窯系。〔註7〕

---

　　　樂爾，《陶磁大系·磁州窯》（東京：平凡社，1996），頁85。

〔註3〕按：目前有關古瓷銘記研究多為通論性專著，在此舉三書為例，一為李正中、朱裕平，《中國古瓷銘文》（天津：天津人民出版社，1991〔此書並於1992年9月由臺北藝術圖書公司配以彩色圖版，以繁體字出版〕）；二為關寶琮主編，《歷代陶瓷款識》（遼寧畫報出版社，1997）；三為孫彥、張健、萬金麗，《中國歷代陶瓷題記》（北京：北京圖書館出版社，1999）。

〔註4〕另參：彭善國，〈宋元瓷器題字及其文化內蘊〉，《考古與文物》1999：3，頁76～80。

〔註5〕按：鈞窯本亦為宋代北方重要瓷窯之一，但近年來有關其始燒年代學界多有疑議及討論，本文亦持保留看法，故暫不列入討論。相關討論請參：羅慧琪，〈傳世鈞窯器的時代問題〉，《(臺大)美術史研究集刊》4，1997，頁109～183；李知宴，〈關於鈞瓷幾個問題的探討〉，《中國歷史博物館刊》1998：2，頁122～128；余佩瑾，〈鈞窯研究的回顧與展望──從故宮收藏的鈞窯瓷器談起〉，《故宮藏瓷大系　鈞窯之部》（臺北，國立故宮博物院，1999），頁6～28。

〔註6〕本論述依據原則有三：一是以各瓷窯發掘簡報、正式報告及傳世品資料為討論主體。二是就採錄瓷器形式而言，包括完整器、瓷片及窯具。三就採錄銘記內容論之，以與產銷有關者為主，其他純粹裝飾性質之詩詞、文章，及與產製無關之紀年銘記，則未採錄。

〔註7〕參見：馮先銘原作，謝明良譯，〈定窯〉（上、中、下），《雄獅美術》139～141

　　北宋時，定窯白瓷為貢瓷之一。據《宋會要輯稿》記載，當時設立於汴京建隆坊的瓷器庫，在所掌受諸州瓷器中即包括定州在內。〔註8〕多年來，由於遺址的調查與試掘報告，〔註9〕以及北方各地出土的定窯白瓷為數甚多。其中，遼寧、河北兩省三座塔基、兩座遼墓中出土定窯瓷器即有一百七十多件，〔註10〕河南鞏縣宋太宗元德李后陵亦出土三十七件。〔註11〕此外，臺北故宮約有七百件與其他中外公私文博單位、收藏者等豐富藏品，陶瓷史學者據此等資料分析研究，已大致將定窯白瓷分期為：唐至五代、北宋早期至中期、北宋後期至金代。〔註12〕

　　定窯瓷器帶銘記者，早些年馮先銘指出有十五種「全都與宮廷有關」，包括：官（新官）、會稽、易定、尚食局、尚藥局、五王府、食官局正七字、定州公用、長壽酒、奉華、德壽、鳳華、慈福、聚秀、禁苑等。〔註13〕其中，以「官」字銘最多，據統計由唐至宋金，至少有一百六十七件。〔註14〕至於「官」之意義，學界雖有不同解釋，但「也都傾向於其與官府、皇室、貴族有某種程度聯繫」。〔註15〕

　　此外，據相關公布資料，尚有「至道元年四月日弟子于岩記」、「琅邪深

期，1982 年 9～11 月，頁 91～103、60～69、126～134；馮先銘主編，《中國陶瓷》（上海：上海古籍出版社，1994），第四編第一章宋金時期北方地區陶瓷概說，頁 379。

〔註 8〕　徐松輯，《宋會要輯稿》（臺北：新文豐出版公司，1976），食貨五二之三七：「瓷器庫，在建隆坊，掌受明、越、饒州、定州、青州白瓷器及漆器，以給用。」

〔註 9〕　林洪，〈河北曲陽縣澗磁村定窯遺址調查與試掘〉，《考古》1965：8，頁 394～412。

〔註 10〕馮先銘，《中國陶瓷》，頁 376～377。

〔註 11〕河南省文物研究所、鞏縣文物保管所，〈宋太宗元德李后陵發掘報告〉，《華夏考古》1988：3，頁 19～46。

〔註 12〕謝明良，〈記故宮博物院所藏的定窯白瓷〉，《藝術學》第 2 期，1988 年 3 月，頁 53～79。

〔註 13〕馮先銘原作，謝明良譯，〈定窯〉（中），頁 64～68。

〔註 14〕按：根據謝明良，〈有關「官」和「新官」款白瓷官字涵義的幾個問題〉（《故宮學術季刊》5：2，1987 年冬季出版，頁 1～38）一文統計有一百五十一件；又加上宋太宗元德李后陵發掘出土三十七件定窯白瓷中有十六件「官」字銘，故至少有一百六十七件。

〔註 15〕蔡玫芬，〈論「定州白瓷器，有芒不堪用」句的真確性及十二世紀官方瓷器之諸問題〉，《故宮學術季刊》15：2，1997 年冬季出版，頁 63～102；謝明良，〈有關「官」和「新官」款白瓷官字涵義的幾個問題〉。

甫」、「彥瞻」、「穎川記」、「壽成殿」、「孟」、「高位」等七種刻銘，以及「仲和珍玩」（「王鏞」硃鈐）、「供養舍利太平興國二年五月廿二日施主男弟子吳成訓（更施）錢參拾（文）足陌」、「太平興國二年」四墨書題記。以下就相關資料作北宋至金代定窯瓷器銘記表，以便查考。〔註16〕

## 表一：北宋至金代定窯瓷器銘記資料表

| 品 名 | 時 代 | 銘 記 | | | 資料出處 | 備 註 |
| --- | --- | --- | --- | --- | --- | --- |
| | | 位 置 | 方 式 | 內 容 | | |
| 花瓣口平底盤 | 太宗太平興國二年（977） | 盤底 | 墨書 | 「供養舍利太平興國二年五月廿二日施主男弟子吳成訓錢參拾足陌」 | 馮先銘原作，謝明良譯，〈定窯〉 | 河北定縣靜志寺塔基出土（見圖1） |
| 花瓣口平底盤 | 同上 | 盤底 | 墨書 | 「供養舍利太平興國二年五月廿二日施主男弟子吳成訓更施錢參拾文足陌」 | 同上 | 同上 |
| 刻花蓮瓣碗 | 同上 | 碗底 | 墨書 | 「太平興國二年」 | 定縣博物館，〈河北定縣兩座宋代塔基〉《文物》1972：8，頁38～51） | 同上 |
| 白瓷帶蓋銘罐 | 太宗至道元年（995） | 外腹 | 刻劃 | 「舍利主僧瓊琪兩瓶舍利西草土住人男弟子于惠岩妻張氏侄男陳留男弟子陳知緒妻于氏女菩薩女□老□佛留至道元年四月日弟子于岩記」 | 同上：馮先銘原作，謝明良譯，〈定窯〉；孫彥等，前引書，頁77 | 河北定縣淨眾寺舍利塔塔基出土 |
| 蓮紋直口碗 | | 碗底 | 劃 | 「孟」（行書） | 劉福珍，〈定窯"孟"字款直口碗〉《文物》1999：2，頁96） | 河北定縣靜志寺塔基出土 |

〔註16〕按：有關「官（新官）」字銘，謝明良已作過詳細統計，本表即不再贅引；另，「會稽」、「易定」為吳越五代作品，以及「德壽」、「慈福」、「聚秀」、「禁苑」等缺乏較詳細資料，故本表亦未列入。

| | | | | | | |
|---|---|---|---|---|---|---|
| 五花式口碗 | 北宋早期至中期 | 足底 | 陰刻（後附） | 「琅邪深甫」 | 謝明良，〈記故宮博物院所藏的定窯白瓷〉 | 現藏臺北故宮博物院（見圖2） |
| 刻劃花蓮瓣紋碟 | 北宋後期至金代 | 足底 | 刻 | 「彥瞻」 | 同上 | 同上（見圖3） |
| 劃花蓮荷紋大碗 | 同上 | 足底 | 刻 | 「穎川記」 | 同上 | 同上（見圖4） |
| 獸耳瓦紋簋 | 同上 | 足底 | 墨書硃鈐 | 「仲和珍玩」「王鏞」 | 同上 | 同上：明人王鏞，字仲和。 |
| 劃花螭紋盤 | 同上 | 足底 | 刻（後刻） | 「壽成殿」 | 同上 | 現藏臺北故宮博物院（見圖5） |
| 印花雲龍紋盤 | | 盤底 | 刻 | 「尚食局」 | 馮先銘原作，謝明良譯，〈定窯〉 | 河北曲陽澗磁村出土；現藏北京故宮博物院 |
| 雲龍紋盤殘片（2） | | 盤底 | 刻 | 「尚食局」 | 馮先銘原作，謝明良譯，〈定窯〉 | 河北曲陽澗磁村出土 |
| 白瓷盤 | | 外底 | 直刻 | 「尚食局」 | 林洪，〈河北曲陽縣澗磁村定窯遺址調查與試掘〉 | 河北曲陽澗磁村出土（見圖6） |
| 直口平底碗 | | 口沿外側 | 由右向左橫刻 | 「尚藥局」 | 馮先銘《中國陶瓷全集9定窯》 | 河北曲陽澗磁村出土；現藏瑞典 |
| 白釉碗 | | 碗底 | 刻 | 「食官局正七字」 | 同上 | 現藏英國 |
| 碗底殘片 | | 碗底 | 刻 | 「五王府」 | 同上 | 河北曲陽澗磁村出土 |
| 盤 | | 盤心 | 模印陰文楷書 | 「定州公用」 | 同上 | 現藏英國 |
| 刻花蓮花碗（2） | | 碗內 | 紅彩書寫 | 「長壽酒」 | 汪慶正〈記上海博物館所藏帶銘定瓷〉《上海博物館集刊》第五期，1990年，頁122～127） | 現藏上海博物館 |
| 折腰盤 | | 盤底 | 刻 | 「鳳華」 | 同上 | 同上 |
| 瓷片 | | | 刻 | 「高位」 | 同上 | 同上 |
| 盤殘片 | | 盤底 | 刻 | 「奉華」 | 馮先銘《中國陶瓷全集9定窯》 | 現藏北京故宮博物院 |

以上諸銘記，除前述與官府、宮廷有關者外，有紀年銘記四：「太平興國二年」（3）、「至道元年」；〔註 17〕人物姓氏、名籍、字號四：「孟」、「琅邪深甫」、「彥瞻」、「仲和珍玩」（「王鏞」硃鈐）；以及可能是作坊銘之「穎川記」、吉祥祝願語之「高位」銘等。其中，值得注意的有二事，一是在紀年銘器中有兩件同爲禮佛施主吳成訓所施，記文中有「錢參拾文足陌」，倘此即爲該瓷盤價錢則可見當時定瓷價位頗高；〔註 18〕其二是定縣靜志寺塔基出土之「孟」字銘直口碗，因其當與宮廷、官府無關，據推測可能是瓷窯主孟氏之標記，或是爲孟姓人家所定燒之器。〔註 19〕而此姓氏刻銘器亦爲目前所揭示定窯刻銘中所僅見。〔註 20〕

## 二、磁州窯系瓷器銘記

磁州窯譽爲宋代北方民間最大瓷窯，中心窯址在今河北省磁縣之觀台鎮與彭城鎮。北宋時該地爲滏陽縣，隸河北西路之磁州。〔註 21〕燒瓷時間，以觀台窯址爲例，起自五代晚期，中歷北宋至金的發展期，興盛於金，而終於元；明初，彭城鎮再繼起於一時，然終難與江西景德鎮抗衡而趨沒落。〔註 22〕

磁州窯器的特色約有三點：其一、充滿濃厚民間生活氣息，格調樸拙粗獷。匠師創作題材來自日常生活，透過純熟簡練的筆觸畫在瓷器上，令人備感親切。其二、白地黑彩的裝飾藝術，將傳統製瓷工藝與書畫藝術相結合，畫面題材生動，線條自然流暢，色彩對比強烈，形成特有風格。其三、裝飾

---

〔註 17〕 按：已知定窯窯具中有紀年印花陶模六件，其中三件爲金大定二十四年（1184，一件現藏英國大衛德基金會、兩件爲河北曲陽縣北鎮村定窯遺址出土）、金大定二十九年（1189，大英博物館藏）、金泰和三年（1203，現藏英國大衛德基金會）、金泰和六年（1206，河北曲陽縣北鎮村定窯遺址出土）各一件，成爲研究者進行定瓷斷代之重要依據。參：謝明良，〈記故宮博物院所藏的定窯白瓷〉。

〔註 18〕 參：謝明良，〈有關「官」和「新官」款白瓷官字涵義的幾個問題〉。

〔註 19〕 劉福珍，前引文。

〔註 20〕 據載臺北故宮博物院藏品中有一件印有「郭」字銘之霍州窯（倣定窯器）瓷碗，及英國牛津大學亞述摩令博物館（Ashmolean Museum）有一件霍州窯瓷盤，盤心印「請記」、「郭七」。參謝明良，〈記故宮博物院所藏的定窯白瓷〉。

〔註 21〕 《宋史》（點校本，台北：鼎文書局，民國 72 年 11 月三版），卷 86，志第 39，地理 2，頁 2129。

〔註 22〕 北京大學考古學系、河北省文物研究所、邯鄲地區文物保管所，《觀台磁州窯址》（北京：文物出版社，1997）第五章分期討論，第六節觀台窯的興衰，頁504～513。

種類繁多，不拘一格。以釉色而言，有白釉、黑釉、醬釉、低溫綠釉及三彩釉；白釉器中除常見之白地黑花之外，還有白釉醬花、劃花、剔花、紅綠彩繪、珍珠地劃花、綠彩、褐斑等裝飾手法。影響所及有河南之鶴壁、魯山、宜陽、禹縣扒村、鈞台、登封曲河、密縣、郟縣等窯，山西之介休、霍縣窯，陝西耀州窯，安徽蕭縣窯，山東淄博窯，江西吉州窯，廣東海康窯等，形成範圍廣大的磁州窯系。〔註23〕

宋代磁州窯系瓷器的銘記，以出現在瓷枕上為多，屬於商標式的戳記，印在枕底無釉處。目前已發現的瓷枕標記分別為署有「張家造」（見圖7）、「張家枕」、「張大家枕」、「趙家造」、「王家造」、「王氏壽明」、「王氏天明」、「李家枕」、「滏陽陳家造」、「劉家造」等字樣。〔註24〕有的並有明確紀年，這對器物的分期研究十分有利，至為難得。在《觀台磁州窯址》書末，有由秦大樹輯〈磁州窯系紀年器物輯錄〉附錄一篇，廣蒐國內外文博單位所藏，由宋眞宗咸平元年（998）至明神宗萬曆年間（1573～1620），凡九十一件有紀年的磁州窯器物。茲據此將其中銘記內容與器物產銷有關者擇出，另一作宋金時期節要表，以便於分析研究。

## 表二：〈磁州窯系紀年器物輯錄〉宋金時期節要表

| 序號 | 紀　年 | 品　名 | 銘　記 | | | 出處 |
|---|---|---|---|---|---|---|
| | | | 方式 | 位置 | 內　容 | |
| 1 | 至和三年（1056） | 白釉剔花葉形瓷枕 | 戳印 | 枕面背面 | 「至和三年」 | 私人收藏 |
| | | | | 枕底 | 「張家造」 | |
| 2 | 熙寧四年（1071） | 白釉珍珠地劃花長方形瓷枕 | 刻劃 | 枕面中央 | 「家國永安」 | 現藏英國不列顚博物館 |
| | | | | 枕面兩邊 | 「元本冶底趙家枕永記，熙寧四年三月十九日畫」 | |
| 3 | 元祐七年（1092） | 鐵紅釉盒 | 墨書 | 足外緣 | 「元祐七年八月十九日買力五十亞」 | 河北省鉅鹿古城出土 |

〔註23〕馮先銘，《中國陶瓷》，頁378～380。

〔註24〕參中國硅酸鹽學會主編，前引書，頁240；侯曉波，〈略論宋元磁州窯瓷枕〉，《東南文化》1988：1，頁97～101；張子英，〈淺議磁州窯「張家」造枕〉，《中原文物》，1994：1，頁51～55。另，有關磁州窯枕上的標記，尚有「古相張家造」，不過參閱磁州窯遺址的發掘報告《觀台磁州窯址》一書，就相關出土遺物的層位分期比對，筆者認為「古相張家造」枕的時代已是金末元初，甚至已入元代，故此處未予列舉。

| 4 | 遼乾統二年（宋崇寧元年，1102） | 白釉劃花罐 | 墨書 | 罐底 | 「乾統二年七月十一日張臣壽遺骨記」 | 1966 年大同西門外人民公園出土，現藏山西省大同市博物館 |
|---|---|---|---|---|---|---|
| 5 | 崇寧二年（1103） | 白釉劃花葉形瓷枕 | 墨書 | 枕底 | 「崇寧二年新婚（婚）亞」 | 河北省鉅鹿古城出土 |
| 6 | 崇寧四年（1105） | 白釉注壺 | 墨書 | 底部 | 「崇寧四年二月二十九日買七十文秦家」 | 現藏美國克利夫蘭美術館 |
| 7 | 大觀二年（1108） | 白釉盆 | 墨書 | 底部 | 「大觀二年四月初四日買　亞」 | 河北省鉅鹿古城出土 |
| 8 | 大觀二年（1108） | 白釉盆 | 墨書 | 底1 | 「大觀二年四月二十五日置到東王亞」 | 河北省鉅鹿古城出土 |
| 9 | 大觀二年（1108） | 鐵紅釉鉢 | 墨書 | 下腹部 | 「子大觀二年四月十三日買范秀藥舖南曹亞」 | 河北省鉅鹿古城出土 |
| | | | | 底部 | 「價か卅文」 | |
| 10 | 政和八年（1118） | 白釉剔花八角竹節形枕 | 墨書 | 枕底 | 「政和八年八月二十三日記之」 | 現藏於河北省文物商店 |
| 11 | 宣和元年（1119） | 黑釉矮梅瓶 | 墨書 | 瓶底 | 「宣和元年五月二十二日張造」 | 現藏日本出光美術館 |
| 12 | 宣和元年（1119） | 黑釉凸線紋亞腰形瓷枕 | 戳印 | 枕兩側 | 「宣和元年」「張家造」 | 現藏美國波士頓美術館 |
| 13 | 紹興元年（1133） | 綠釉劃花長方形枕 | 戳印 | 底部 | 「趙家造」 | 日本梅沢彦太郎收藏 |
| 14 | 金皇統元年（宋紹興十一年，1141） | 白瓷瓶 | 刻 | 瓶腹部 | 「白土鎮窯戶趙順謹施到慈氏菩薩花瓶壹對供奉本寺」 | 安徽蕭縣白土窯址採集 |
| | | | | 瓶足 | 「時皇統元年三月二日造」 | |
| 15 | 金天德四年（宋紹興二十二年，1152） | 素胎佛龕 | 刻 | 龕頂部 | 「天德四年五月五日記楊家製」 | 1987 年觀台窯址發掘出土 |
| 16 | 金大定二年（宋紹興三十二年，1162） | 白地黑花橢圓形瓷枕 | 墨書 | 枕底 | 「大定二年□月」 | 1987 年觀台二街村採集 |
| | | | 戳印 | 豎板 | 「張家造」 | |
| 17 | 宋隆興元年（1163） | 黃綠白釉劃花長方形瓷枕 | 劃刻 | 枕面邊部 | 「……隆興紀元春二月張沖珍玩」 | 現藏北京首都博物館 |
| | | | 戳印 | 枕底 | 「張家造」 | |
| 18 | 金大定五年（宋乾道元年，1165） | 白地黑花、黑地劃花海獸銜魚紋橢圓形瓷枕 | 墨書 | 枕底 | 「大定伍年四月十三日買到枕子一只……」 | 現藏邯鄲市文物處 |

| 19 | 金大定十六年<br>（宋淳熙三年，<br>1176） | 珍珠地劃花橢<br>圓形瓷枕 | 墨書 | 枕底 | 「大定十六年七月十<br>一日仁記」 | 陝西韓城安居<br>寨村出土 |
|---|---|---|---|---|---|---|
| 20 | 金大定二十二年<br>（宋淳熙九年，<br>1182） | 棕褐釉黑花虎<br>形枕 | 墨書 | 枕底 | 「壬寅正月十三日置<br>到枕子價力卅一文<br>足」 | 現藏美國紐約<br>布魯克林博物<br>館 |
| 21 | 金明昌三年<br>（宋紹熙三年，<br>1192） | 白釉澀圈碗 | 墨書 | 碗內底澀<br>圈外 | 「明昌三年十二月四<br>日買了一個」 | 安徽蕭縣白土<br>窯址採集 |
| 22 | 金明昌六年<br>（宋慶元元年，<br>1195） | 白釉篦劃花長<br>方形瓷枕 | 墨書 | 枕底 | 「明昌六年六月二十<br>日忘口三拾……」 | 現藏河北省磁<br>縣文保所 |
| | | | 戳印 | 橫版 | 「張家造」 | |
| 23 | 金承安五年<br>（宋慶元六年，<br>1200） | 黃綠劃花、印<br>花單邊如意頭<br>弧方形瓷枕 | 墨書 | 底部 | 「承安五年五月三十<br>日買價力一十八足<br>口」 | 現藏日本東京<br>國立博物館 |
| 24 | 金泰和元年<br>（宋嘉泰元年，<br>1201） | 白地黑花橢圓<br>形瓷枕 | 墨書 | 枕底 | 「胡大嫂價錢四十文<br>謹記泰和元年六月十<br>九日記……」 | 現藏日本靜嘉<br>堂文庫美術館 |
| 25 | 金泰和三年<br>（宋嘉泰三年，<br>1203） | 白地黑花長方<br>形瓷枕 | 黑彩<br>題詩 | 枕面 | 「……泰和三年調玉<br>燭……」 | 私人收藏 |
| | | | 戳印 | 枕底 | 「張家造」 | |
| 26 | 金泰和三年<br>（宋嘉泰三年，<br>1203） | 白釉凸線紋瓷<br>碗 | 墨書 | 碗底 | 「泰和三年十二月十<br>日買二隻」 | 1988 年山東省<br>成武縣出土 |
| 27 | 金大安二年<br>（宋嘉定三年，<br>1210） | 白地黑花罐 | 黑彩<br>書寫 | 罐的腹部 | 「佛光普渡大安二年<br>張泰造」 | 現藏中國歷史<br>博物館 |
| 28 | 金正大七年<br>（宋紹定三年，<br>1230） | 紅綠彩碗 | 墨書 | 碗下腹部<br>露胎處 | 「正大七年十二月二<br>十八日□□□紀口」 | 現藏日本東京<br>國立博物館 |

以上二十八件磁州窯紀年器，就器類來說，瓷枕有十五件，占二分之一強，其餘碗有三件，盆、罐各有二件，佛龕、盒、注壺、缽、梅瓶、瓶皆各一件。就銘記方式而言，雖不外書寫、模印、刻劃三種，但由銘記內容大致可將其性質區分出來，即書寫式銘記，多為器物擁有者所書，其內容包括：

1. 時間：寫明年月日，或不寫日，也有只紀年。

2. 某人或某單位：如（張）臣壽、秦家、東王、范秀藥鋪南曹、張造、仁記、胡大嫂等。

3. 價錢：應即當時買入的價錢。在二十八件中有五件記下了價錢，分別是：

（序號 6）崇寧四年（1105），白釉注壺，秦家花七十文買；

（序號 9）大觀二年（1108），鐵紅釉缽，范秀藥鋪南曹以三十文買；

（序號 20）大定二十二年（1182），褐釉黑花虎形枕價值三十一文；

（序號 23）承安五年（1200），黃綠釉長方形枕，值錢一十八（文）；

（序號 24）泰和元年（1201），白地黑花橢圓形瓷枕，價錢四十文。

以上，前兩件爲北宋晚期徽宗時的行情；後三件爲金世宗、章宗時期，也就是今日學者認爲磁州窯發展的繁榮時期行情。〔註25〕

4. 用途：如作爲盛裝遺骨用之白釉劃花罐（序號 4），新婚用之白釉劃花葉形枕（序號 5）、禮佛用之白瓷瓶一對（序號 14）以及白地黑花罐（序號 27）。

5. 購買數量：有三例，如「買到枕子一只」（序號 18）、「買了一十個（白釉澀圈碗）」（序號 21）、「買二只（白釉凸線紋瓷碗）」（序號 26）。

模印式銘記，共有七件皆屬戳印形式，是生產者的專有標記，且均是瓷枕，其中六件是「張家造」，一件是「趙家造」。此六件「張家造」枕時間依序是：至和三年（1056）、宣和元年（1119）、大定二年（1162）、隆興元年（1163）、明昌六年（1195）、泰和三年（1203），由北宋仁宗時期（1023～1063）至金章宗時期（1190～1208），上下歷一百四十八年之久。〔註26〕此六個「張家造」枕，無論是否爲同一家族延續經營之老字號產品，但可確定的是「張家」所造瓷枕，爲北方名牌產品，且廣受愛用歷久不衰。又，七件中同時亦有墨書的二件（序號 16、22）、有刻劃銘記的一件（序號 17）。

刻劃式銘記共有四例，分別是「元本冶底趙家枕永記」之白釉珍珠地劃花長方形瓷枕（序號 2）、「白土鎮窯戶趙順謹施到慈氏菩薩花瓶壹對供奉本寺」（序號 14）、「楊家製」素胎佛龕（序號 15）以及「張沖珍玩」之黃綠白釉劃花長方形枕（序號 17）。其中，較特別的爲（序號 17）劃花枕，誠如前述有「張家造」戳印，知其乃爲當時名牌產品，同時題記書明「珍玩」，表示此枕爲張沖觀賞珍藏之物，非日常生活所實用；其次，關於所用紀年採南宋孝宗初即位之「隆興紀元」，不知是其人因身在淪於金人之北方，藉以表達對故國遙想尊奉之情思（此時距北宋滅亡已逾三十年）；抑或以身在南方得有此北方故國之地名牌產品，而益加珍視之。此等迷思皆因張沖其人身分之不得而考，難以解答。

---

〔註25〕秦大樹，〈觀台磁州窯遺址繁榮階段述論〉，《中原文物》1997：1，頁98～106。

〔註26〕據統計各地出土與收藏之磁州窯各式「張家」造枕不下五十件，從現存紀年枕看其燒造史，由北宋至元代約有三百年。參張子英，前引文。

## 三、耀州窯系瓷器銘記

　　耀州窯系在宋代與磁州窯系並稱為北方民間兩大瓷窯體系，中心窯場位於今日陝西省銅川市耀縣的黃堡鎮。黃堡鎮在宋代屬同官縣，隸於永興軍路下的耀州。〔註 27〕隨著銅川黃堡古瓷窯遺址的持續發掘，以及經過記錄、整理、歸類、判讀後所出版的發掘報告，〔註 28〕吾人得知，以浮雕式刻花青瓷聞名的耀州窯，在北宋時達於鼎盛。尤其，發展至北宋中晚期，典型的耀州青瓷呈現出幾個特色：

　　首先在胎土上，質地細密，呈淺淡灰白色；其次在釉色上，是色調穩定、典雅深沉的橄欖青；在造型上，雖然種類繁多，但大都精巧秀麗，並且有一些反映時尚的新器類出現，如鳥食罐、彭形圍棋子盒，以及棒槌瓶、大小口梅瓶、玉壺春瓶……等；在裝飾上，紋樣豐富多麗，題材以各種花卉紋為常見，如菊花、牡丹花、蓮花、葵花、梅花、雞冠花、西番蓮紋等；裝飾手法亦多樣化，而以富立體浮雕感的刻劃花最為突出，以及與刻劃工藝相同風格的印花皆廣受好評。正所謂「巧如範金，精比琢玉」，「擊其聲，鏗鏗如也；視其色，溫溫如也」。〔註 29〕《元豐九域志》也記載耀州：「土貢，瓷器五十事。」〔註 30〕數量雖不多，卻表示瓷器品質的受到肯定。南宋時期，受到宋金戰備狀態之影響，耀瓷邁入轉型期，生產數量與器類均減少，風格亦轉趨實用與質樸。〔註 31〕

　　當耀州窯生產鼎盛之際，不僅對鄰近地區的陝西枸邑窯，河南之新安、臨汝、宜陽、內鄉、寶豐、禹縣鈞台等窯有影響，甚至遠及廣州之西村窯和

---

〔註 27〕　《宋史》卷 87，志第 40，地理 3，頁 2146。

〔註 28〕　按，陝西銅川黃堡古瓷窯址，早於 1958～1959 年即曾經發掘,其成果並於 1965 年由陝西省考古研究所整理出版了《陝西銅川耀州窯》一書，使古陶瓷研究者對宋代耀州窯有了初步經科學發掘所得的研究資料。其後，陝西考古所又於 1984～1997 年，持續進行科學發掘，進而得知黃堡窯由唐至明代中期，歷經了八百多年的燒造史，其成果經整理分四個斷代先後出版，目前已經出版的是：《唐代黃堡窯址》、《五代黃堡窯址》、《宋代耀州窯址》三書，已分別於 1992、1997、1998 年，由北京文物出版社出版；即將要出版的是《金元耀州窯址》，正在整理編寫中。

〔註 29〕　語出元豐七年（1084），立於耀州窯場的〈德應侯碑記〉；轉引自陝西省考古研究所、耀州窯博物館，《宋代耀州窯址》（北京：文物出版社，1998）第四章「有關宋代耀州窯的幾個問題」，頁 545。

〔註 30〕　王存，《元豐九城志》（點校本，臺北：華世出版社，1986），卷 3，頁 111。

〔註 31〕　《宋代耀州窯址》，頁 543～548。

廣西永福窯也都產製具有耀州風格的印花青瓷，以致形成另一個窯場分布有南有北，以產製民間用瓷為主的耀州青瓷窯系。〔註32〕

關於耀州瓷器上的銘記所見也不多，茲依據黃堡窯址的發掘報告書《宋代耀州窯址》所刊布資料，就其中有銘記者摘出作成一覽表，俾便研究。〔註33〕

## 表三：宋代耀州窯址出土器物銘記一覽表

| 序號 | 標本編號 | 品　名 | 紋飾特徵 | 銘　記 | | | 備　註 |
| --- | --- | --- | --- | --- | --- | --- | --- |
| | | | | 位　置 | 方　式 | 內　容 | |
| 1 | 90VIT58 | 青瓷碗 | 內腹印纏枝菊 | 內底團菊花心 | 模印 | 「劉」字反文 | 《宋代耀州窯址》（以下略）P.112 見圖 8 |
| 2 | 採：008 | 青瓷碗 | 器內印蝶戀花紋 | 花心 | 模印 | 「着」 | P.124 見圖 9 |
| 3 | 86III T4②Z14：23 | 青瓷盞 | 器內印折枝牡丹 | 花心 | 模印 | 「熙寧」帶框年款 | P.153 見圖 10 |
| 4 | 86III T4②Z14：22 | 青瓷盞 | 器內印折枝牡丹 | 花心 | 模印 | 「長命」二字帶框 | P.153 見圖 11 |
| 5 | 86IVT1②：5 | 青瓷盞 | 器內印折枝牡丹 | 花心 | 模印 | 「大觀」帶框年款 | P.153 見圖 12 |
| 6 | 86II T6③：4 | 青瓷盞 | 器內印鳳銜折枝牡丹 | 花心 | 模印 | 「政和」帶框年款 | P.153～154 見圖 13 |
| 7 | 86III T17②：1 | 青瓷盞 | 器內印折枝牡丹 | 花心 | 模印 | 「政和」帶框年款 | P.154 見圖 14 |
| 8 | 92VIIT10③Z74：17 | 青瓷盞 | 器內寫有文字 | 器內壁 | 刻劃 | 「元小口」 | P.158 見圖 15 |
| 9 | 91II T9③Z63：38 | 青瓷碟 | 內底印陽文折枝朵花紋 | 內底 | 模印 | 「玉」字帶框 | P.226 見圖 16 |
| 10 | 87I T20②：24 | 青瓷杯 | 直口，內腹近似筒狀，外腹上部微鼓，大平底 | 外底 | 刻劃 | 「畬」 | P.247 見圖 17 |

〔註32〕參中國硅酸鹽學會主編，前引書，頁 255～259。
〔註33〕按：謝明良，〈耀州窯遺址五代青瓷的年代問題——從所謂「柴窯」談起〉（《故宮學術季刊》16：2，1998 年冬季出版，頁 53～78）一文認為：「耀州窯遺址發掘報告書所稱五代青瓷當中，其實包括了許多北宋早期的作品在內，故報告書的編年方案有修正的必要。」且謝氏在本次研討會上不吝指正拙文時，亦表示對《宋代耀州窯址》一書分期的準確性有疑慮，然囿於本人拙識有限，以及學界尚未有廣泛討論前，本文姑且仍以該書刊布資料為依據作表於此，且至盼不久將來再以學界方家之定論修正之。

| 11 | 86III T9② | 青瓷盆 | 內外施釉，足底露胎，器內刻折枝牡丹，沿上刻劃水波紋，外腹上有六條瓜稜狀凹痕 | 器外底心 | 刻劃 | 「乂」形記號 | P.258 見圖 18 |
|---|---|---|---|---|---|---|---|
| 12 | 87 I T3③ H35：6 | 青瓷瓷盆（殘存器底） | 器內刻折枝牡丹 | 花心 | 刻劃 | 「龍」 | P.260 見圖 19 |
| 13 | 90VIT59 ③Y47：1 | 青瓷腰鼓（兩端殘） | 器表施滿釉，內壁寫字的一端露胎，餘處掛釉，多垂流痕 | 內壁 | 墨書 | 「王」 | P.297 見圖 20 |
| 14 | 87 I T20 ②：5 | 菊花紋樣殘片 | 器內印纏枝菊，外腹刻扇折形紋 | 內底團菊花心 | 模印 | 「田」 | P.404 見圖 21 |
| 15 | 87 I T18 ②：4 | 菊花紋樣殘片 | 器內印纏枝菊，外腹刻扇折形紋 | 內底團菊花心 | 模印 | 「末」 | P.404 見圖 22 |
| 16 | 87 I T20 ②：6 | 牡丹紋殘片 | 器內印交枝牡丹花紋，器外刻扇折形紋 | 花枝下 | 模印 | 「田」 | P.406 見圖 23 |
| 17 | 87 I T19 ②：3 | 牡丹紋殘片 | 器內印牡丹花葉紋，器外刻扇折形紋 | 花枝間 | 模印 | 「王九」 | P.406 見圖 24 |
| 18 | 90VT31 ③Z56：1 | 蓮花紋殘片 | 器內印三把蓮紋 | 其中一蓮花花心 | 模印 | 「三」 | P.408 見圖 25 |
| 19 | 84II T2 ②：3 | 殘片 | | 器內 | 刻劃 | 殘存「般相合……口州」 | P.415 見圖 26 |
| 20 | 84 I T12 ②：13 | 殘片 | 內底心印一團菊 | 花心 | 模印 | 「五」字反文 | P.415 見圖 27 |
| 21 | 84 I T12 ②：14 | 殘片 | | 器外底心 | 刻劃 | 「弄」 | P.415 見圖 28 |
| 22 | 90VIT6 ② Z28：3 | 殘片 | | 器內近口沿處有文字 | | 「鼓苗令」 | P.415 見圖 29 |
| 23 | 84 I T2 ③ Z1~2：12 | 素燒碗印花範 | 範表印二嬰戲梅枝 | 範腔沿 | 刻劃 | 「五倪口」 | P.484 見圖 30 |
| 24 | 86 I T14 ③：6 | 素燒碗印花範 | 範頂心印折枝牡丹，範表周腹亦繞一圈牡丹枝葉 | 內腔刻劃有文字，殘破嚴重 | 刻劃 | 難以辨認 | P.484 見圖 31 |
| 25 | 85II T3 ③：35 | 素燒盞印花範（有對應器） | 範表印牡丹，花瓣繁茂 | 花心 | 反文模印 | 「大觀」方框年款 | P.489 見圖 32 |

| 26 | 85 III T20 ②：15 | 盞印花範（有對應器） | 範表印水波蓮花 | 蓮心圓框 | 反文模印 | 「韻」 | P.489 見圖 33 |
|---|---|---|---|---|---|---|---|
| 27 | 90VT33 ②：2 | 盤印花範（有對應器） | 印群魚銜草紋 | 腔內及沿上 | 刻劃 | 殘破嚴重，似為「……口丘」 | P.491 見圖 34 |
| 28 | 90VT33 ③ Z55：4 | 盤印花範（有對應器） | 範表印交枝牡丹花 | 腔沿兩邊 | 刻劃 | 「張杰」「么三伯」 | P.493 見圖 35 |
| 29 | 85 I T13 ③：87 | 蕩箍 | 上沿劃一道弦紋 | 底面 | 刻劃 | 「張文」 | P.501 見圖 36 |
| 30 | 86III T4 ②Z14：70 | M 型漏斗狀碗盞匣鉢（裝燒斜腹小平底小碗和盞用） | | 內腹 | 刻劃 | 「乂」型記號 | P.506 見圖 37 |
| 31 | 87I T20 ②：45 | M 型漏斗狀碗盞匣鉢（裝燒斜壁深腹碗用） | | 外底 | 刻劃 | 「乂」型記號 | P.509 見圖 38 |
| 32 | 85II T3 ③：41 | M 型漏斗狀碗盞匣鉢（裝燒斜壁深腹碗用） | | 底部 | 刻劃 | 「乂」型記號 | P.514 見圖 39 |

　　以上共摘錄出三十二件有銘記，在遺址出土物具代表性的二一四三件總數中，僅占百分之一‧四九。就器類而言，其中二十二件是瓷器或殘片，七件為作坊具以及三件窯具。在二十二件銘記瓷器中，盞六件，碗、盆各二件，碟、杯、腰鼓各一件，另有九件殘片；七件有銘記作坊具中，碗、盞、盤印花範各有二件，蕩箍一件；而三件有銘記窯具，皆為 M 型漏斗狀碗盞匣鉢。

　　就銘記方式而言，二十二件銘記瓷器中，模印占十四件，刻劃有六件，墨書及不明方式各一件；十件作坊具與窯具中，刻劃方式占八件，反寫模印有二件。就銘記內容而言，約可分為：

1. 姓名記：劉（反文）、元小□、玉、畬、龍、王、田（2）、末（朱）、王九、五（反文）、五倪□、□丘、張杰、么三伯、張文。
2. 帶框年號款：熙寧、大觀、政和（2）。
3. 吉祥語：長命。
4. 記號：乂（4）。

5. 紋樣名：三（把蓮）〔序號18〕、韻（序號26）、着（序號2）。

三（把蓮），據載耀州窯印花把蓮紋中有分別於三朵蓮花心上印出「三把蓮」字樣的。〔註34〕此標本已殘，僅存一「三」字，但由字樣與花紋位置判斷，而作此認定。再，「韻」、「着」二字，判斷亦應是指紋樣名。蓋前者為盞印花範所見，紋飾為水波蓮花紋，正與韻義相符；而印「着」字之青瓷碗，其紋飾為蝶戀花，亦似正著其意。

6. 其他：鼓苗令（序號22），及難辨認者（序號24）。

由銘記位置、方式、內容綜而論之，耀州窯花卉紋印花青瓷碗、盞、碟之內底花心部分，或則模印姓名記，或則印出年號款。前者應指何人？有三種可能，即生產匠人、作坊主或訂貨人。由序號27、28兩件印花範腔有刻劃人名來看，範腔或沿上所刻方是匠人之名；再者，印花範使用起來既可保證生產品質，亦可輕易地大量產製同花紋器，故訂貨人是否有必要將名姓刻成印範來大量出產，則頗值得推敲。因此，符合此需求的，只有作坊主最有可能。

最後討論作坊具與窯具上刻劃人名、或「乂」形符號所顯示的意義。印花範、蕩箍與匣缽皆是瓷器生產時不可少的工具，前者為紋樣製作的利器；蕩箍為轆轤上轉軸的固定器，拉胚成形所不能少；匣缽是裝燒工具，運用恰當與否，關係著燒成率的高低，通常匣缽是以耐火材料做成，裝燒一次即丟棄。因此，序號30、31、32三件匣缽外底刻劃「乂」形記號，推測應是為區別所燒器物的記號，或為某人所有的標記。總之，是三者為瓷窯匠師謀生的憑藉，故作上記號以示區別。

## 結　論

綜合以上宋代北方三大主要瓷窯所見瓷器銘記，其反映在民間製瓷手工業上的意涵與現象，大致可分成幾方面來論。首先就其意涵來說，瓷器銘記資料也許字數並不多，但是經過歸類、統計、排比、分析後，不但能與文獻資料相互應證，也能呈現部分無文字記錄的歷史現象。例如，定窯、耀州窯的瓷器銘記中，有「官」、「新官」字樣、宮廷建築物名號、官署名稱以及皇帝年號等銘記的出現，知其有燒製貢瓷的事實，而與《宋會要輯稿》、《宋史·地理志》等「貢瓷」記錄相應證。

〔註34〕中國硅酸鹽學會主編，前引書，頁253。

　　就所反映的現象來說，一是官府需求與民間製瓷業的互激現象。定窯、耀州窯本是民窯，由於技術發展的成熟，在產製出馳名代表作之後，受到朝廷重視，開始並燒貢瓷；但這並非窄化或局限其發展，反而促使其更精益求精尋求更高的突破與創新。例如，定窯於北宋中期以後創製覆燒芒口器及印花薄胎器的大量出現，一則是附會當代喜好金銀器的時尚所激勵，〔註 35〕一則作為北方檔次性、普及率具高之瓷窯代表，〔註 36〕在民間商業用瓷需求性之下──產量大、工藝精所使然。

　　二是家庭式的民窯生產現象。此由磁州窯系瓷枕上的商標戳記可見一斑。有張、趙、王、李、陳、劉、楊等「家」，其中聲譽好的，甚至可前後歷經三百年，如「張家造」枕之成為名牌產品。三為工匠地位提升現象。這由耀州窯坊用具與窯具上的工匠刻名可知，可能當時瓷業生產已採分工，由合釉、調泥，至拉胚成器、上釉、裝燒，皆有分工，窯具刻名一則以示負責，另則顯示工匠漸受重視。四是激烈的商品競爭現象。由定窯、耀州窯之作為官府、宮廷、貴族用瓷供應者，以及同時為受歡迎之主流商用瓷產製者，商業競爭勢所難免。磁州窯中各家商標戳記的使用，可見在同類商品中的白熱競銷，同時亦強調自家產品品質的保證。五是匠人題名錄的作用。由於傳統士農工商的觀念，從事生產製造的中下階層技術工人，有名可尋的真是聊聊無幾，因此在瓷器銘記中所見到之工匠姓名就愈顯可貴，即使一字半字亦視若珍寶，姑且記錄之，並期待他日能在有機會補詳。

　　最後，因時間倉促以及個人的才疏學淺，文中資料或有不足，論證亦多有失周延之處，凡此還請學者專家不吝指正。

本文收入國立臺灣大學歷史系編，《轉變與定型：宋代社會文化史學術研討會論文集》，民國 89 年 10 月，頁 413～444。

---

〔註35〕參蔡玫芬，前引文。

〔註36〕據研究，定窯「官」款白瓷為當時時髦之高檔商品，說見謝明良，〈有關「官」和「新官」款白瓷官字涵義的幾個問題〉，頁 13。據統計，定窯白瓷始終是中原地區北宋墓葬隨葬品的主流，約占 90％；參俞永炳，〈宋遼金紀年墓葬和塔基出土的瓷器〉，《考古》1994：1，頁 74～93。

## 附圖資料出處

圖 1：出自馮先銘原作，謝明良譯，〈定窯〉，頁 97。

圖 2：出自《定窯白瓷特展圖錄》，國立故宮博物院出版，民國 76 年 11 月初版一刷，圖版 9。

圖 3：同上，圖版 106。

圖 4：同上，圖版 30。

圖 5：同上，圖版 87。

圖 6：出自林洪，〈河北曲陽縣澗磁村定窯遺址調查與試掘〉，《考古》1965：8，頁 394～412。

圖 7：出自中國硅酸鹽學會主編，《中國陶瓷史》，頁 241。

圖 8-39：出自《宋代耀州窯址》一書相關各圖。

圖 1

圖 2

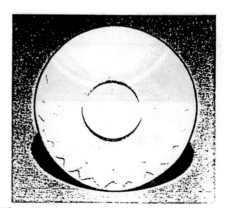

圖 3

圖 4

圖 5

圖 6                                圖 7

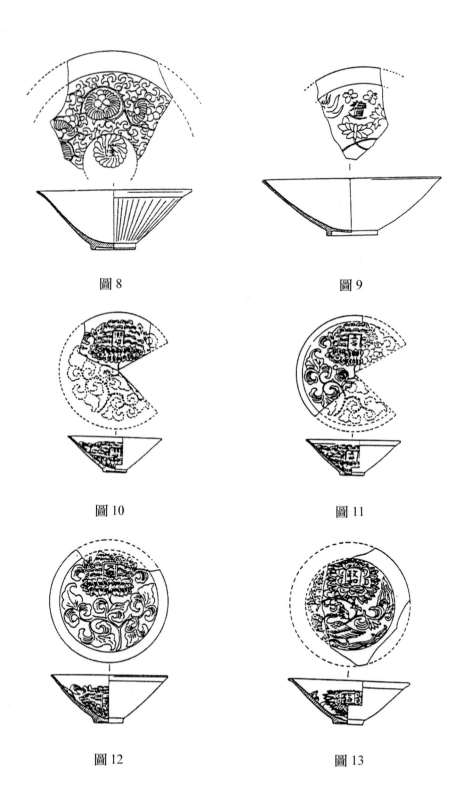

圖 8                          圖 9

圖 10                         圖 11

圖 12                         圖 13

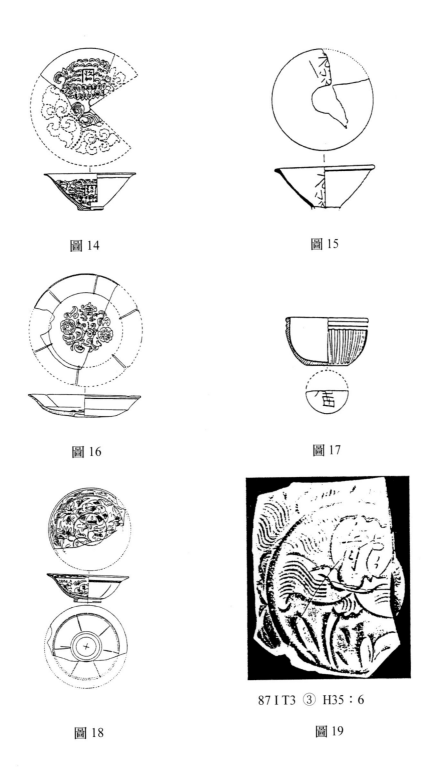

圖 14

圖 15

圖 16

圖 17

圖 18

87ⅠT3 ③ H35：6

圖 19

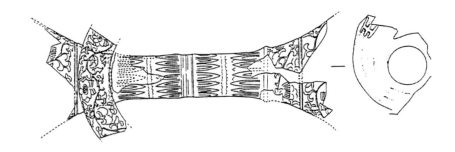

圖 20

菊花紋 87 I T20 ②：5

圖 21

菊花紋 87 I T18②：4

圖 22

牡丹紋 87 I T20②：6

圖 23

牡丹紋 87 I T19②：3

圖 24

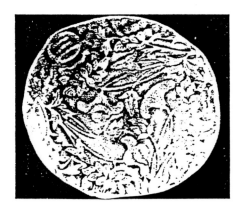

蓮花紋 90 Ⅴ T31③Z56：1

圖 25

文字殘片 84 Ⅱ T2②：3

圖 26

文字殘片 84 Ⅰ T12②：13

圖 27

文字殘片 84 Ⅰ T12②：14

圖 28

圖 29

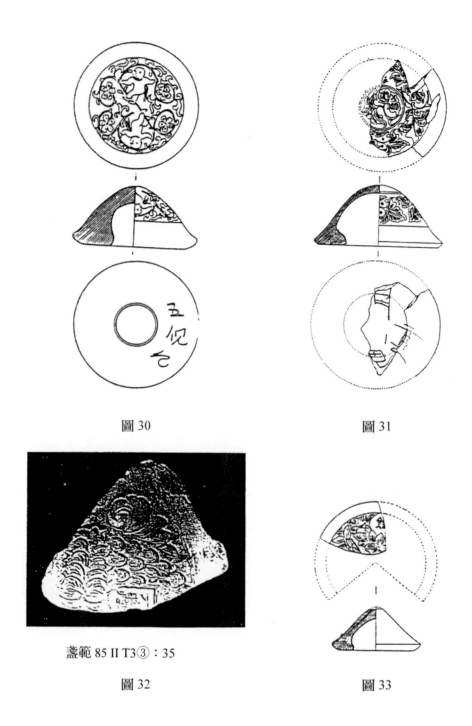

圖 30

圖 31

盞範 85 II T3③：35

圖 32

圖 33

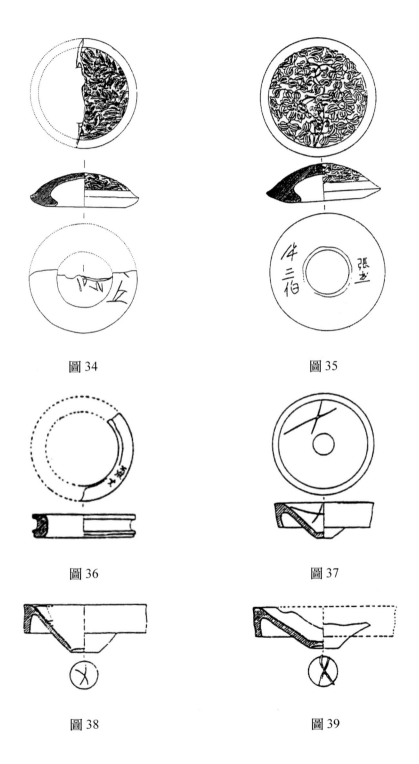

圖 34　　　　　　　　　　圖 35

圖 36　　　　　　　　　　圖 37

圖 38　　　　　　　　　　圖 39